楽しむだけで 生活に役立つ

発達が気になる子の ソーシャルスキル遊び

チャイルドフッド・ラボ
代表理事
藤原里美

日本文芸社

はじめに

「場の空気を読む」
「人との適切な距離感を保つ」
「円滑なコミュニケーションを図る」
　この本はこうした「ソーシャルスキル」が自然に身につきにくい子どもたちを対象にしています。社会的な場面でのふるまい方が直感的に理解できない特性をもちながら、社会の一員としてこの世界で生きていくことは、多くの困難と遭遇していきます。それは私たちが想像する以上に、彼らを傷つけ苦しませるできごとになります。

　ですから、まずは私たちが「ソーシャルスキル」で苦労している子どもたちを、手助けすることを前提にしたいと思います。変えることより、理解し、支援することが大切だということを忘れないでいただきたいのです。

　第1章では、発達障害をもつ子を含めた発達が気になる子の「ソーシャルスキルの困りごと」がなぜ起こるのか？　私たちはどんなマインドで子どもと向き合い、支援すればいいのか？　について解説しています。
　第2章から第5章までは、「コミュニケーションスキル」「対人関係スキル」「セ

ルフレギュレーション」「集団行動スキル」の4つの領域から、「ソーシャルスキル」を体験し、学べるあそびを紹介しています。

　第6章では、「ソーシャルスキル」を使うモチベーションを高め、具体的なふるまい方に活用できる「ときめきカード」を紹介しています。

　本書を参考にしながらあそぶこと、ときめきカードを使うことで生活のしやすさにつながればと願っています。でも、思ったような成果が出なかったとしても、決してがっかりしないでください。
　楽しむこと、繰り返し必要なスキルを体験していくこと。子どもと一緒に、カードを「自分を支えるツール」としてアレンジしていくこと。そのプロセスのなかで、よりよく生きる方法を見出していくこと。私たちはそれを支える理解者であること。
　そんな寄り添い方をしてくれる大人が身近にいることは、子どもにとっては、この上なく幸せなことだと思います。
　あなたにそのひとりになっていただきたいと思います。
　私もそのひとりでい続けたいと思います。

藤原里美

もくじ

はじめに ……………………………………………………………………… 2
本書の使い方 ……………………………………………………………… 10

第1章　理論編　ソーシャルスキルの基礎知識

01 ソーシャルスキルを理解しよう
……………………………………………………………………… 12
- ソーシャルスキルあそびとは？ …………………… 12
- 子どもの困っている姿の裏側 ……………………… 13
- 4つの領域にわけて考える …………………………… 15
- ソーシャルスキルが身につく過程を知る ……… 16
- 自然に身につかないこともある …………………… 16
- あそんでいたら発達した！ …………………………… 17

02 ソーシャルスキルの土台をつくる
……………………………………………………………………… 18
- 乳児期の共同注意に注目しよう …………………… 18
- 共同注意の発達の遅れ ………………………………… 19
- ソーシャルルーティンのあそびで
  やり取りを楽しもう ……………………………………… 20
- ポイントはあそびのなかで視線を
  自然に合わせること …………………………………… 21

03 大人の丁寧な
　　マネジメントが重要な幼児期
……………………………………………………………………… 22
- 相手の視点に立つ「心の理論」……………………… 22
- 自分視点から相手視点へ …………………………… 23
- あそびの発達段階とソーシャルスキル ………… 24

04 メンタルコーチを目指そう ……… 26
- 自分の怒りと付き合う「アンガーマネジメント」… 26
- 子どもと相談してその子にあった
  マネジメントを考えよう ……………………………… 27
- 自分を知ることとエンパワメントを使うこと …… 28

- 自分を知るためのツールとして …………………… 29
- 困難やストレスを乗り越える
  「レジリエンス」を育む ……………………………… 30
- 目指すは子どものメンタルコーチ ………………… 31

05 それぞれの課題と支援のポイント
……………………………………………………………………… 32
- ASDの特性とソーシャルスキルの
  支援のポイント …………………………………………… 32
- ADHDの特性とソーシャルスキルの
  支援のポイント …………………………………………… 34
- LDの特性とソーシャルスキルの
  支援のポイント …………………………………………… 36

06 4つの領域を支援する
　　ポイントを理解しよう ………………… 38
- コミュニケーション・対人関係スキルの
  支援のポイント …………………………………………… 38
- セルフレギュレーションの支援のポイント …… 40
- 集団行動スキルの支援のポイント ……………… 41
- 領域別ソーシャルスキルあそびの特色 ……… 42

07 カードを支援に使ってみよう …… 44
- カードの意義 ……………………………………………… 44
- カードを使った支援のポイント …………………… 45
- ときめきカードのつくり方 …………………………… 46

第2章 あそび編 コミュニケーションスキル

ASOBI 01 伝言ゲーム 50
●こんな子におすすめ！ 伝える・聞きとる力が未熟な子

あそびをアレンジ
糸電話伝言ゲーム／ジェスチャー伝言ゲーム

ASOBI 03 かんたん自己紹介 54
●こんな子におすすめ！
友だちとやり取りするのが不安な子

あそびをアレンジ
かんたん友だち紹介／紙芝居自己紹介

ASOBI 05 スリーヒントゲーム 58
●こんな子におすすめ！
話を最後まで聞けない子、手助けを求められない子

あそびをアレンジ
ファイブヒントゲーム／予想でヒントゲーム

ASOBI 07 ジェスチャーゲーム 62
●こんな子におすすめ！
友だちとやり取りするのが不安な子、言葉で伝えるのが苦手な子

あそびをアレンジ
気分当てゲーム／演技当てゲーム

ASOBI 09 お名前コールパス 66
●こんな子におすすめ！
友だちとやり取りするのが不安な子

あそびをアレンジ
お名前コール風船バレー／お名前コールパスリレー

ASOBI 02 ミックスボイス 52
●こんな子におすすめ！ 集中して聞くことが苦手な子

あそびをアレンジ
リズム合わせ／言葉合わせ

ASOBI 04 おちたおちた 56
●こんな子におすすめ！
集中して聞くことが苦手な子、切り替えが苦手な子

あそびをアレンジ
とんだとんだ／おちた・とんだ

ASOBI 06 ナンバーコール 60
●こんな子におすすめ！
ワーキングメモリが弱い子、友だちとやり取りするのが不安な子

あそびをアレンジ
アイコンタクトコール／お気に入りコール

ASOBI 08 リピートしりとり 64
●こんな子におすすめ！
ワーキングメモリが弱い子、手助けが求められない子

あそびをアレンジ
連想リレー／逆リピートしりとり

ASOBI 10 お手玉ヘルプミー 68
●こんな子におすすめ！
手助けが求められない子、言葉で伝えるのが苦手な子

あそびをアレンジ
ブロックの伝達／こおり鬼ヘルプミー

第3章 あそび編 対人関係スキル

ASOBI 11 レッツエスコート ……… 72
●こんな子におすすめ！
相手の視点に立てない子、言葉で伝えるのが苦手な子

あそびをアレンジ
スイカ割り／絵の伝達

ASOBI 12 役割じゃんけんゲーム ……… 74
●こんな子におすすめ！
相談する・折り合うことが苦手な子

あそびをアレンジ
負けて進むぞじゃんけんゲーム／サインでじゃんけん

ASOBI 13 友だちビンゴ ……… 76
●こんな子におすすめ！
友だちとの関わり方が未熟な子

あそびをアレンジ
借りものゲーム／質問ビンゴ

ASOBI 14 みんなでピッタリ ……… 78
●こんな子におすすめ！
相手の視点に立てない子、意見をいうのが難しい子

あそびをアレンジ
みんなでバラバラ／みんなでピタバラ

ASOBI 15 みんなで紙飛行機 ……… 80
●こんな子におすすめ！
相手の視点に立てない子、相談する・折り合うことが苦手な子

あそびをアレンジ
3つの紙飛行機／順番みんなで紙飛行機

ASOBI 16 魔法の粉で言葉変換 ……… 82
●こんな子におすすめ！
ちくちく言葉が制御できない子

あそびをアレンジ
あったか言葉を使ってみよう／アドリブあったか言葉

ASOBI 17 笑顔で早口言葉 ……… 84
●こんな子におすすめ！
友だちとの関わり方が未熟な子

あそびをアレンジ
トリオでハイチーズ／笑顔の思い出

ASOBI 18 協力ドミノ ……… 86
●こんな子におすすめ！
相手の視点に立てない子、相談する・折り合うことが苦手な子

あそびをアレンジ
4人でチームドミノ／ひとりでチームドミノ

ASOBI 19 仲間さがし ……… 88
●こんな子におすすめ！ 友だちとの関わり方が未熟な子

あそびをアレンジ
大勢で仲間さがし／似た者仲間さがし

ASOBI 20 だーれだ？クイズ ……… 90
●こんな子におすすめ！ 友だちに関心がうすい子

あそびをアレンジ
この声は誰の声？／この手は誰の手？

第4章 [あそび編] セルフレギュレーション

ASOBI 21 あとだしじゃんけん ……… 94
●こんな子におすすめ！
気持ちや行動の切り替えが苦手な子

あそびをアレンジ
あとだし「あいこ」じゃんけん / あとだし「負け」じゃんけん

ASOBI 22 コロコロウォッチ ……… 96
●こんな子におすすめ！
行動の調整が難しい子、集中できない子

あそびをアレンジ
フライングウォッチ / 2つをウォッチ

ASOBI 23 あんしんボックスをつくろう … 98
●こんな子におすすめ！
イライラが高じやすい子、気持ちの調整が難しい子

あそびをアレンジ
あんしんバッグ / 家族のあんしんボックス

ASOBI 24 こっちむいてホイ ……… 100
●こんな子におすすめ！
行動の調整が難しい子、集中できない子

あそびをアレンジ
こっちむいてホイ・ホイ・ホイ / こっちむいてホーイホイ

ASOBI 25 おちゃらかほい ……… 102
●こんな子におすすめ！
気持ちや行動の切り替えが苦手な子

あそびをアレンジ
全身おちゃらかほい / みんなでおちゃらかほい

ASOBI 26 あんしん言葉リレー ……… 104
●こんな子におすすめ！
失敗に弱い子、気持ちや行動の切り替えが苦手な子

あそびをアレンジ
つながり〇〇 / 言葉しりとり

ASOBI 27 ポーズで決めよう ……… 106
●こんな子におすすめ！
イライラが高じやすい子、気持ちや行動の切り替えが苦手な子

あそびをアレンジ
なりきりポーズで変身 / 友だちポーズを決めよう

ASOBI 28 ティッシュつかみ ……… 108
●こんな子におすすめ！
集中できない子、行動の調整が難しい子

あそびをアレンジ
飛ばしてティッシュつかみ / ティッシュボールキャッチ

ASOBI 29 まちがいさがし ……… 110
●こんな子におすすめ！ 集中できない子、衝動性が強い子

あそびをアレンジ
画用紙まちがいさがし / 文字さがし

ASOBI 30 セルフマッサージ ……… 112
●こんな子におすすめ！ 不安が強い子、気持ちや行動の調整が苦手な子

あそびをアレンジ
2人でマッサージ / アロマでマッサージ

第5章 あそび編 集団行動スキル

ASOBI 31 2人でパズル ……… 116
●こんな子におすすめ！
順番が守れない子、集団行動に不安を感じる子

あそびをアレンジ
時間で協力パズル / みんなでハラハラゲーム

ASOBI 32 サイレントフルーツバスケット … 118
●こんな子におすすめ！
落ち着いて集団行動をするのが苦手な子

あそびをアレンジ
サイレントあんたがたどこさ / サイレント「アイアイ」

ASOBI 33 坊主めくり ……… 120
●こんな子におすすめ！
負けを受け入れるのが難しい子、切り替えが苦手な子

あそびをアレンジ
ドンマイ坊主めくり / 走れ坊主めくり

ASOBI 34 みんなでターン ……… 122
●こんな子におすすめ！
落ち着いて集団行動をするのが苦手な子

あそびをアレンジ
順番みんなでターン / 繰り返しターン

ASOBI 35 バケツでキャッチ ……… 124
●こんな子におすすめ！
順番が守れない子、落ち着いて集団行動をするのが苦手な子

あそびをアレンジ
直接キャッチ / バケツリレー

ASOBI 36 フープで進め ……… 126
●こんな子におすすめ！
マイペースで周囲と歩調を合わせるのが苦手な子

あそびをアレンジ
フープで運べ / トリオでフープで進め

ASOBI 37 缶ネーム ……… 128
●こんな子におすすめ！
マイペースで周囲と歩調を合わせるのが苦手な子

あそびをアレンジ
缶でおはなしづくり / 数字紙コップタワー

ASOBI 38 あんしん椅子取りゲーム ……… 130
●こんな子におすすめ！
集団行動に不安を感じる子、負けを受け入れるのが難しい子

あそびをアレンジ
あちこち椅子取りゲーム / 2人で仲よく椅子取りゲーム

ASOBI 39 笛で集まれ ……… 132
●こんな子におすすめ！
周囲と歩調を合わせるのが難しい子、負けを受け入れるのが難しい子

あそびをアレンジ
サイレント笛で集まれ / 指名で集まれ

ASOBI 40 じゃんけん列車 ……… 134
●こんな子におすすめ！
負けを受け入れるのが難しい子、周囲と歩調を合わせるのが難しい子

あそびをアレンジ
3回勝ってじゃんけん列車 / 負けてもじゃんけん列車

第6章 　あそび編　ときめきカード

ときめきカードの使い方 138
- 幼児1　ロボットなど機械が好きな子向け 139
- 幼児2　強そうなキャラクターがかっこいいと思う子向け 140
- 幼児3　明るく活発でユーモアあるキャラクターが好きな子向け 141
- 幼児4　のんびり、ゆったり行動することが必要な子向け 142
- 幼児5　乗りものが好きな子向け 143
- 幼児6　ほのぼのしたキャラクターが好きな子向け 144
- 幼児7　正義のヒーローが好きな子向け 145
- 幼児8　プリンセスに憧れる子向け 146
- 児童1　感情のコントロール、失敗が苦手な子、
　　　　 友だちとの対話がうまくいかない子向け 147
- 児童2　人に手助けを求めるのが苦手、集中力の調整が難しい、
　　　　 マイペースすぎる子向け 148
- 児童3　集中しすぎてまわりが見えなくなってしまう子、
　　　　 自分さえよければまわりは気にしない子向け 149

すぐに使えるときめきカード 150

おわりに 156

「こんな子におすすめ！」索引 158

本書の使い方

第2〜5章 あそび

保育や療育、学童や学校などの現場ですぐに実践できる「あそび」を紹介しています。

❶ こんな子におすすめ！
どのような子に適しているかの例を入れています。

❷ あそびかた
「あそび」を実践するときのあそびの手順をまとめています。

❸ 効果とねらい
「あそび」を通して得られる効果を解説しています。

❹ あそぶときのアドバイス
「あそび」の効果をあげるためのポイント、アドバイスなどを紹介しています。

❺ あそびをアレンジ
メインで紹介した「あそび」をアレンジしたあそびの紹介をしています。

第6章 カード

ときめきカードについて紹介しています。

❶ 効果とねらい
どんな子に向けて効果が期待できるかを解説しています。

❷ カードの文章
カードに使える例文を紹介しています。カードにそれぞれの文を添えて、ときめきカードが完成します。目の前の子どもに合わせて自分なりに文をアレンジして使ってください。

❸ ときめきカード
イラストの入ったときめきカードです。実際にコピーして使えるカードは、150ページにあります。

第1章

理論編

ソーシャルスキルの基礎知識

ソーシャルスキルについて理解し、
どんなマインドで向き合い、
どう支援していくかについて紹介します。

01 ソーシャルスキルを理解しよう

解説のポイント
- ☑ なぜソーシャルスキルが大切なのか？
- ☑ 4つの領域に分けて、具体的に理解しよう
- ☑ ソーシャルスキルを身につける過程を見てみよう

ソーシャルスキルあそびとは？

ソーシャルスキル（社会的スキル）とは、他者との効果的なコミュニケーションや関係づくり、自身の感情や行動の調整能力、集団場面での適応能力など、社会生活を円滑に営む上で必要な能力や技術のことです。

私たちは、ひとりで生きていくことはできません。大きい（学校など）、小さい（家族など）にかかわらずいくつかのコミュニティーに所属し、そのなかで人と関わりながら生活していきます。そこで必要となるのが、ソーシャルスキルです。

今の時代、少子化傾向（ひとりっ子の増加）や、SNS（ソーシャルネットワーキングサービス）の普及などにより人との関わりが以前より希薄になっています。そのため、人との直接的な関わりで育まれるソーシャルスキルが、日常生活のなかで自然に身につきにくいと考えられます。

ましてや、発達に偏りがある子、いわゆる「発達が気になる子」のように、もともとの認知機能がアンバランスだったり、環境からの情報の読み取りが苦手だったり、自分の行動や気持ちの調整力の未熟さがあればなおさらです。

そこで、あそびとして、ソーシャルスキルを楽しく体験できる機会を設けることが必要となります。

本書で紹介する「ソーシャルスキルあそび」では、子どもの「あそんで楽しかった！」をベースに、ソーシャルスキルも体験することを大切にします。

　楽しいあそびを通して、子どもたちの日常生活でできることが増えた、ソーシャルスキルが身についた、と感じられる機会があれば、こんなにうれしいことはありません。

　具体的なあそびは、第2章からたくさんご紹介していきますが、その前にこの章では、支援者としての大人の「マインドセット」や「ソーシャルスキルの支援ポイント」「ソーシャルスキルに関連する深い理論」などを、しっかりと捉えていただけるように解説をしていきます。

子どもの困っている姿の裏側

　わがままに見えたり、メンタルの問題に見えたり、しつけがなっていないと判断されてしまう子どもの困った姿の裏側には、ソーシャルスキルの課題が隠されています。

　コミュニケーションスキルが身についていないと、「言いたいこと」がいえずに固まってしまいます。

　対人関係スキルが身についていないと、相手にとって嫌なことを平気でいってしまったり、あいさつができなかったり、相手との距離感が近すぎて嫌がられてしまうことがあります。

　セルフレギュレーション（自己調整力）ができないと、激しく怒ったり、かんしゃくを起こしたりします。

　集団行動ができないと、ルールを守ることができず、ゲームなどでズルをしてしまうことがあります。

コミュニケーションが苦手で固まってしまう

信頼関係を築くあいさつができない

激しく怒ったりかんしゃくを起こす

ルールを守ることが苦手

学童期および思春期には、年齢相応のマナーやふるまい方だけでなく、他者とのコミュニケーション能力、共感力、自己表現力、問題解決力、感情のコントロールなど、高度なソーシャルスキルを要求されます。

　特に思春期は、自分と異なる意見をもつ多様な人たちと関わる場面が増えるため、自分の意見を伝えながらも、相手を尊重するバランスやスキルが求められます。

　こうしたスキルは、社会的に適応し、他者との良好な関係を築く基盤となります。将来仕事をして社会人として自立するためにも必要なものです。

　しかし、発達障害の子どもは、これらのスキルを身につけにくい傾向があります。ASD（自閉スペクトラム症）の子どもは他者の感情を読み取ることが難しかったり、ADHD（注意欠如・多動症）の子どもは衝動的な行動を抑えにくかったりします。

　こうした特性により、対人関係において誤解や衝突が生じやすく、スキルの獲得がうまくいかないだけではなく、孤立感を抱くことも少なくありません。

　これらの課題に対する解決策としても、幼児期から、無理なく自分に合ったソーシャルスキルを学ぶこと、そして成功体験を積むこと、また自分の特性の理解をすすめるべく、大人に相談すること、助言を受け入れることなどが必要です。

　本書のソーシャルスキルあそびを通して、楽しくスキルを体験できればよいですし、何より、周囲の大人には「本人に芽生えていること」「本人ができることとできないこと」を理解することが望まれます。

　たとえば、人の気持ちを読み取ることが難しい子の場合、周囲の大人はそれができるようになるようのぞむのではなく、本人が「苦手なので助けてほしい」と自身のことを伝えられる環境をつくる。あるいは子どもが周囲にいるサポーターの協力を得られるようにするなど、本人が努力することと、周囲がサポートすることのバランスをとることが必要です。

　周囲の大人が子どもに理解を示し、具体的なフィードバックを与えることで、子どもは自身の行動とその影響を理解しやすくなります。

　そのようにして大人が、ソーシャルスキルの活用をアップデートしていけるように導いていきましょう。

4つの領域にわけて考える

ここではソーシャルスキルを4つの領域にわけて、具体的にみていきましょう。

●コミュニケーションスキル

①コミュニケーション能力
　言語的スキル：適切な言葉を使って自分の考えや感情を伝える。
　非言語的スキル：ボディランゲージ、アイコンタクト、表情などを通じてメッセージを伝える。

②自己主張
　自分の意見や感情を率直に、しかし相手に対して敬意をもって伝える。

③対話スキル
　他人の話をよく聞き、理解し、適切に反応する。
　人間関係における問題を解決するための話し合いができる。

●対人関係スキル

①関係づくりスキル
　他人の感情や視点を理解し、感情的に共感する。

②ルールやマナーの理解
　他人との信頼関係を築くためのあいさつ、ルールを守る姿勢、年齢相応のマナーの理解とふるまい。

③助言の受け入れ、肯定的なアドバイスの提供
　人からのフィードバックを受け入れ、自分のふるまいや考え方を改善する。人に対して肯定的なフィードバックを提供する。

●セルフレギュレーション

①感情の調整
　自分の感情を認識し、適切に対処する。

②衝動の調整
　短期的な欲望や衝動に流されず、長期的な目標や価値観に基づいて行動する。

③ストレス管理
　ストレスがかかったときに、適切な方法で対処する。

④自己評価とフィードバックの活用
　自分の行動や考え方を客観的に評価し、必要に応じて改善策を考える。

●集団行動スキル

①チームワーク
　グループのメンバーと協力して共同の目標を達成する。役割分担や相互サポートをする。

②リーダーシップとフォロワーシップ
　リーダーシップ：チームの中心的存在として、目標達成に方向性を決め、メンバーと協力する。
　フォロワーシップ：リーダーやほかのメンバーと協力して、グループの目的達成をサポートする。

ソーシャルスキルが身につく過程を知る

　ソーシャルスキルが身につく過程は、まずは大人の行動の「観察」から始まります。

　大人の行動を観察して、理解すると、次に「模倣」が始まります。たとえば、大人があいさつをしているのを見て、1歳くらいから人を見るとおじぎをしたり、バイバイしたり。模倣した行動は日常生活のなかで適切な場面で実行できるようになります。

　大人はそうした行動をほめてくれたり、喜んでくれたり、適切な「フィードバック」をしてくれるので、あいさつするのは人とのあたたかい交流に必要なことだと理解します。

　そして、生活のなかで「反復」していきます。行動はスキルとして定着し、獲得されると、異なる状況や相手に応じてアプローチを変えることもできるようになり、ソーシャルスキルは生活のなかでアップデートされていくことになります。

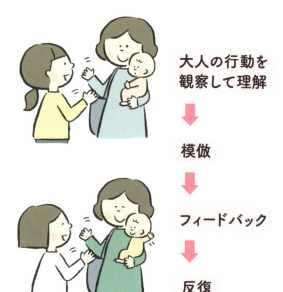

大人の行動を観察して理解
↓
模倣
↓
フィードバック
↓
反復

自然に身につかないこともある

　ただしこの発達が、順調にいかない場合もあります。たとえば、ASD（自閉スペクトラム症）の子どもは、人への関心が薄い傾向があります。そのため、人を観察したり、模倣したりするのが遅れます。人とやり取りしたいというモチベーションが低いことも伴えば、さらにコミュニケーションスキルや対人スキルなどを学ぶ機会や体験が少なくなります。

　ADHD（注意欠如・多動症）の子どもは、衝動性や落ち着きのなさ、また注意散漫な様子が顕著なので、自分の気持ちや行動を調整するセルフレギュレーションが育まれにくく、周囲と歩調を合わせるといった集団行動スキルも苦手です。

　そして、もともと育まれにくい状況があるにもかかわらず、わがままだとか、しつけがよくないというように周りに解釈されがちです。すると、大人は指導したり、叱ったりして身につけさせようとしますが、そうしたタイプの子どもは学びにくい特性があるので、怒られ続けるのによくならないという状況が生まれます。

　まずは「ソーシャルスキルの獲得が日常のなかでは難しい」＝「困っている子ども」だと理解することから始めましょう。

あそんでいたら発達した！

　ADHDなどのような診断はされなくても発達が気になる子には、こうした学びにくさ、獲得しにくさがあるということは理解できると思います。だからこそ、楽しいあそびのなかで身につける機会を設けたいのです。

　大切なのは、結果ではなく、楽しむことです。大人は、自己主張してほしい、行動のコントロールをしてほしい、周りに合わせた行動をしてほしいと願いますが、あそびのなかで「心地よくやり取りできた」「楽しいからルールを守れた」「おもしろくて集中できた」という体験を保障してください。

　子どもは「工夫次第でできる」「あそびのなかならうまくいく」と自分を見直し、そして大人は、子どもを支援するためのコツをつかんでいくのです。

　子どもは自分を見直す「マインドチェンジ」を、大人は日常での「支援のコツ」を、あそびのなかから手に入れます。

　まさに「あそんでいたら発達した！（子ども）」、「あそんでいたら支援がうまくなった！（大人）」になるといいなと思います。

 **待てないのは環境のせいかも**

　手洗いの順番を待てずに周りの子にちょっかいを出すA君。待つことに意味をもたせる作戦をとりました。

　並んでいる列の床に、ペンギンマーク、ウサギマーク、フラミンゴマークをおきました。ペンギンマークに進むと、足踏みをします。ウサギマークに進むと両足跳びをします。フラミンゴマークに進むと片足立ちで待ちます。こうして待つときにも動くあそびを取り入れることで、A君は楽しみながら待つことができました。

　待てたことをほめられて、とてもうれしそうなA君。このようなできる環境を積み重ねることにより、マークがなくても待てるようになることが期待できますね。

RIRON 02 ソーシャルスキルの土台をつくる

解説のポイント
- ☑ 大切な共同注意の発達を理解しよう
- ☑ 三項関係のあそびを設定しよう
- ☑ ソーシャルルーティンのあそびを知ろう

乳児期の共同注意に注目しよう

乳児期の共同注意とは、赤ちゃんと大人（通常は親や保育者）が一緒にものやできごとに対して注意を向け、互いに関心を共有する行動や過程のことです。

生後8か月ごろから、子どもがあそんでいるときに何度も大人と視線を合わせる行動が見られますが、これは自分の注意と、大人の注意を共有したいというコミュニケーションの第一歩といわれる発達です。

また、自分の興味があるものを「見てみて」というように大人に見せにくる行動も「ショーイング」と呼ばれ、共同注意が発達したからこその行動となります。

共同注意が発達したからこその行動

視線の共有
大人が指差したり、見ているものに赤ちゃんが視線を合わせる。

指差し
赤ちゃんが何か興味のあるものを指差し、大人がそれに反応して一緒に見る。

振り返り
赤ちゃんが何かを見たあと、大人の顔を見てその反応を確認する。

共同注意の発達の遅れ

しかし、この共同注意の発達が遅れる場合があります。人への関心が薄い、視線が合いにくいと感じる子どもは、社会性の発達にリスクを伴います。そのため、あそび方に工夫が必要となります。

こうした発達のリスクは、ASD（自閉スペクトラム症）の子どもたちによく見られます。共同注意の発達に以下のような課題を抱えていることになります。

共同注意の発達に課題がある例

視線を合わせない	大人が何かを指差したり見ているものに対して、視線を合わせるのが難しいことがある。
指差しやジェスチャーの欠如	自分の興味を示すためにものを指差したり、何かを指示するためにジェスチャーを使うことが少ない場合がある。
社会的なやり取りに対する関心の低さ	ものやできごとに対して大人と関心を共有しようとする行動が少ないことがある。
振り返りの少なさ	子どもが何かを見たあと、通常は大人の反応を確認するために振り返るが、そのような行動をとるケースが少ないことがある。

こうした共同注意の発達の遅れ、もしくは欠如が与える影響としては、言語発達の遅れがまず考えられます。共同注意は人とやり取りしたいというコミュニケーションの第一歩ですので、言語発達とは密接に関係しているからです。

また、社会的スキルの発達の遅れも伴うことが考えられます。人への関心が薄い場合、他者との関係を築くことが難しく、社会的なやり取りを避ける傾向も強くなります。

こうした傾向が見られたら、子どもの興味を生かした三項関係のあそびを積極的に設定してみましょう。三項関係とは、子どもの興味のあるおもちゃを大人が操作するという、「子ども」「おもちゃ」「大人」という三項をつくるあそびです。大人がおもちゃを扱うことで、おもちゃへの関心を大人にも向けてもらうアプローチとなります。

三項関係とやり取りあそび

❶ 本来は、子どもと大人は間になにもなくてもやり取りが成立する。

❷ 人への関心が薄い場合は、大人からの一方通行となる。

❸ 子どもの興味のあるもの（おもちゃなど）を間に入れる。

❹ 子どもはまずものに注目する。そのものを大人が扱うことで、大人に気がつき、ものを使ってあそびたいと思い、大人とやり取りが起こる。

❺ ものを交えてのやり取りを繰り返すことで、人への関心が生まれる。やがて、ものがなくても、人とのやり取りが成立するようになる。

ソーシャルルーティンのあそびで やり取りを楽しもう

　三項関係のあそびの設定で、おすすめなのが「ソーシャルルーティンのあそび」です。やり取りのある、繰り返しのあるあそびです。下記の例は風船ですが、風船以外でも、紙風船・紙飛行機・こま・ふきごま・ミニカーなどでも同様に楽しめます。

ソーシャルルーティンのあそび

❶ 大人は子どもが風船を見ていることを確認してから、風船をふくらませます。風船を見る子どもの視線を意識し、大人が視線を合わせましょう。視線が合ってからふくらませると、子どもは視線が合うと楽しいことが起こるという関係性に気づきます。これを繰り返すことで、大人の視線を意識するとともに、大人への関心も引くことができます。

❷ ふくらんだ風船を飛ばします。その際も、子どもと視線が合ったら飛ばすことを意識します。子どもは飛ばした風船を追いかけてあそびます。

❸ 風船が落ちたら「拾ってきて」とお願いします。風船の動きが速すぎて追えない場合は、大人が落ちた風船を指して知らせましょう。子どもがもってこない場合は大人が取りにいってもよいでしょう。

❹ 拾ってきた風船を大人に渡してもらうときもできるだけ子どもと視線を合わせます。そして、視線が合ったら風船をふくらませ、また飛ばすというあそびを繰り返します。この繰り返しのあそびから、子どもは大人の行動を予測しながら、安心してやり取りあそびを楽しめます。

ポイントはあそびのなかで視線を自然に合わせること

私たちは子どもが何に興味をもっているかを理解することが大切です。そしてその興味を尊重しながらあそびを組み立てていきます。

あそび方のポイントとしては、おもちゃを自分（大人）と子どもの間で操作し、おもちゃを介して視線を合わせること。「視線が合うこと」と「楽しいことが起こること」を一致させること。

次に、大人が楽しく動いて見せるなど、おもちゃのようにふるまうこと、思わず大人を見てしまうという楽しい状況をつくりましょう。

3つ目は、視線が合ったら、その子が喜ぶようなリアクションを返すこと、たとえば体に触れたり、笑顔を返したり、ほめたり、ハイタッチしたりします。

視線が合ったときに、楽しいリアクションが返ってくると、子どもは次のときも見てみようという気持ちになるでしょう。

〈3つのポイントまとめ〉
①おもちゃを介して子どもと大人で視線を合わせる
②思わず子どもが大人を見てしまうような楽しい状況をつくる
③視線が合ったらその子が喜ぶようなリアクションを返す

こうして、やり取りあそびの心地よさを体験しながら、身近な大人への関心をもてるようにサポートしていきましょう。

CASE STUDY ケーススタディ　人に関心がなかったB君

自閉症のB君、3歳。大人への関心がなく、目も合わない状態でした。パズルなどのおもちゃは大好きで、にこにこしながら取り組みますが、大人が声をかけてもほめてもまったく気にしません。人よりも、ものへの関心が強い子でした。

そこで大好きな形のパズルを対面で交代しながらやりました。すると、最初は大人を見ませんでしたが、だんだん一緒にやっている大人を意識しはじめました。

その後、ソーシャルルーティンのあそびを取り入れ、風船やこまなどで一緒にあそびました。すると、笑顔で目が合うようになり、やってほしいときはそのおもちゃをもってくるようになりました。

3か月後、担当者が部屋から出ようとすると、「行かないで」というように目で担当者のあとを追いかけて泣きだしました。人との愛着も育まれ、後追いするという姿に、心があたたかくなりました。

RIRON 03 大人の丁寧なマネジメントが重要な幼児期

解説のポイント
- ☑ 心の理論の理解とチェック
- ☑ あそびの発達段階の理解
- ☑ ソーシャルスキルの支援

相手の視点に立つ「心の理論」

ここからは幼児期の子どもたちの社会性の発達支援のポイントを解説します。

3歳過ぎから自分と人の区別が明確につき、4歳以降は相手の視点に立ってものごとを見たり捉えたり、考えたりすることもできるようになります。この、相手の視点に立つという発達は「心の理論」といわれています。

心の理論（Theory of Mind）は、他者の心の状態、つまり感情や意図、信念、知識などを理解し、それに基づいて他者の行動を予測する能力のことを指します。幼児期にこの能力が発達することが重要な理由は主に5つあります。

①社会的な関係づくり

幼児が「心の理論」を身につけることで、他者の視点や感情を理解し、共感することができるようになります。これにより、友だちや家族との関係が深まり、共感や協力、順番を守る、相手に譲る、折り合うといったソーシャルスキルの理解と獲得につながります。

②コミュニケーション能力の向上

「心の理論」が発達することで、相手が何を感じているか、何を考えているかを推測できるため、友好的なコミュニケーションが可能になります。これにより、相手に合わせたいい回しや説明ができるようになります。

③感情調整と行動のコントロール

他者の感情や意図を理解できるため、自分の行動が相手にどのように影響するかわかるようになります。これにより、無意識に他者を傷つけるような行動を避けたり、自己中心的な振る舞いを調整できます。

④問題解決能力の向上

他者のニーズや期待を理解し、それに基づいて問題を解決する能力が育ちます。これは、集団でのあそびや学習において、対立を避け、協力して目標を達成するのに役立ちます。

⑤感情的および心理的な健康

幼児期に「心の理論」が発達することは、そのあとの感情的な安定や心理的な健康にも影響します。他者との円滑な関係は自己肯定感を高め、孤立感や不安を減少させることができます。

自分視点から相手視点へ

「心の理論」を通過しているかどうかは、観察していればわかりますが、迷うときは次のようなクイズに答えてもらうとよいでしょう。

「心の理論」段階をチェックする

❶ 女の子がボールあそびをしています。飽きたので、ボールをそばにあったかごに隠しました。

❷ 男の子がかごのなかにあるボールを見つけました。明日もっていこうとかばんにボールを入れて、別のあそびに向かいました。

❸ 戻ってきた女の子が、またボールであそぼうと思いました。女の子は、かごとかばん、どちらを探すでしょうか？

まずは左のクイズを読んでみてください。これは「心の理論」の研究でよく知られている「サリー・アン課題」とよばれるものをベースにしています。

このクイズの答えは、もちろん「かご」になります。

なぜなら、女の子は男の子がボールをかばんに移したことを知らないからです。

この女の子の視点に立てなければ、子どもは自分の見たままを答えます。つまり「かばん」と答えるのです。すると、自己中心性が高くなりますので、みんなで協力してあそぶことを求められる協同あそびなどではトラブルメーカーになってしまう可能性もあるということになります。

この場合は、いくら言い聞かせても相手の視点には立てませんから、発達の成熟を待つしかありません。標準的な知能発達をしている場合は、遅れても発達しますので、叱らずに具体的なルールやふるまい方を伝えましょう。ルールを守れたり、適切なふるまい方ができたら、大人はしっかり承認しましょう。

また、ルールが明確で、大人が審判として関われるあそびなら自己中心性を調整してあそべるでしょう。あそびの設定を工夫しながら友だちとあそびたい気持ちを充足しましょう。

あそびの発達段階とソーシャルスキル

あそびの発達段階とソーシャルスキルは密接に関連していて、子どもが成長するにつれて、あそびの形態も変化し、それに伴ってソーシャルスキルも発達していきます。

このような各発達段階でのあそびを通じて、子どもは社会的なルールや他者との協力、感情の調整、共感といったスキルを少しずつ学んでいきます。あそびの形態が複雑になるにつれて、ソーシャルスキルも発展し、子どもが自分と他者との関係をより深く理解できるようになります。

各発達段階の特徴とスキル

①ひとりあそび　年齢：0～1歳頃

特徴

子どもはほかの子どもが近くにいても、独自のあそびに集中しています。まだ他者とあそぶよりも、自分の行動や興味のあることに夢中になっています。誰からも邪魔されず、「入れて」もいわず「貸して」もいわれず、あそびこむことを大切にします。

ソーシャルスキル

この段階では、ソーシャルスキルはほとんど発達していませんし、必要とされません。自分の興味を探求することで自律性や好奇心が育まれ、後の社会的スキルの基礎となる段階です。

②傍観あそび　年齢：1～2歳頃

特徴

子どもがほかの子どものあそびを観察する段階です。自分はまだ参加せず、ただ見ていることが多いですが、ほかの子どもたちの行動やあそび方に興味を示しています。

ソーシャルスキル

観察することで友だちの行動を学び、社会的なルールやコミュニケーションの方法を理解しはじめます。この段階では、まだ直接的な友だちとの関わりはありませんが、友だちとの交流の準備を進めています。

③平行あそび　年齢：2～3歳頃

特徴

子どもたちは同じ空間で似たようなあそびをしますが、直接的に一緒にあそぶわけではなく、それぞれが独立したあそびをしています。お互いに関心をもちながらも、相互交流はまだ少ない状態です。

ソーシャルスキル

ほかの子どもの存在を意識し、同じ空間であそぶ力を育てます。大人が仲立ちになり、ほかの人と交代する、人と自分のものの区別をつける、がまんしたり謝ったりするスキルも体験します。

④ 連合あそび　年齢：3〜4歳頃

特徴
子どもたちは一緒にあそびますが、あそびにはまだ共通の目的や明確なルールがない場合が多いです。おもちゃを共有したり、簡単な会話をしたりする場面が増えてきますが、あそび自体が個々の活動の延長であることが多いといえます。

ソーシャルスキル
連携や協力の最初の段階です。お互いに関わり合い、会話やものの貸し借りを通じて他者との関係を学びます。この時期には、感情の共有や対話の練習が進み、他者の意図を理解する能力が発達していきます。自分のことを伝えたり、相手の伝えてきたことを聞いたりする力や、対立したときに折り合うことも必要になります。

⑤ 協同あそび　年齢：4〜6歳頃以降

特徴
子どもたちは共通の目標をもち、一緒にあそびます。あそびにはルールがあり、役割分担や協力が必要です。グループでのあそびが主流となり、一緒にあそびをつくったり、対話すること、気持ちを調整し折り合うことが増えます。

ソーシャルスキル
チームワークや役割分担、問題解決、リーダーシップ、フォロワーシップなどの高度なソーシャルスキルの発達が促されます。相手の感情や意図を理解し（心の理論）、調整する能力が伸び、コミュニケーションスキルも向上します。

⑥ ルールに基づくあそび　年齢：5歳頃以降

特徴
明確なルールや目的をもつあそびを楽しむようになります。ボードゲームやスポーツなど、事前に定められたルールに従って行動するあそびが増え、勝敗がつくことが多くなります。

ソーシャルスキル
ルールに従うことで、自己調整や他者への配慮、順番を待つ忍耐力などが高まります。また、競争や協力を通じて、勝敗を受け入れる姿勢や、公平性の理解が深まります。

子どものソーシャルスキルの発達がまだ芽生えていないのにそのことを要求されるあそびの場にいれば、必然的にトラブルが頻発します。その子の発達段階にあった場で、夢中になってあそんでいれば、トラブルは起こりません。

子どものあそびを発達に応じて分ける保育者の環境マネジメントが重要になりますね。

RIRON 04 メンタルコーチを目指そう

解説のポイント
- ☑ 自分を知ること、自分との付き合い方を学ぶこと
- ☑ スキルを使って自己のマネジメント力を高める
- ☑ 大人はメンタルコーチとして子どもを支える

自分の怒りと付き合う「アンガーマネジメント」

アンガーマネジメント（Anger Management）は、自分の怒りの感情を理解し、それを調整するための方法やスキルを学ぶことを指します。怒りは自然な感情ですが、適切に対処しないと人間関係や、日常生活に悪影響を及ぼすことがあります。

大人にも子どもにも必要なアンガーマネジメントは、そうしたネガティブな感情を扱うために役立つスキルを学べます。

主な目的は、怒りを無理に抑え込むのではなく、怒りとうまく付き合う方法を考え、スキルとして使うことにあります。

こうしたアンガーマネジメントを大人が適切にサポートしながら「怒ったけど工夫したら元に戻せた」という成功体験に導きます。

アンガーマネジメントのステップ

❶ 怒りの感情を認識する
怒りの原因やきっかけを理解する。怒っている自分に気がつく。

❷ 冷静になる方法を学ぶ
深呼吸、リラクゼーションアイテムなどで情動を調整する。

❸ 自分が怒りやすい状況を理解し対策を立てる
どんな場面が苦手で、その際に何を使って元に戻すかを事前に検討しておく。

子どもと相談してその子にあった マネジメントを考えよう

アンガーマネジメントについて子どもと相談するプロセスは、次のようになります。

① どんなときにイライラしたり、怒ってしまうのか？具体的な場面を聞いてみましょう。答えが難しい場合は、選択肢を用意してもよいですね。

② ①で選択した場面でイライラしたり、怒ったりしてもよいことを伝えます。ただし、できるだけ早く元の気持ちに戻すことを確認しましょう。

③ 気持ちを元に戻すときに使うリラックスアイテムやスキルを考えましょう。

④ 実際の場面でそれらのアイテムやスキルを使って、気持ちを落ち着ける練習をしましょう。

負けると怒りだすC君

　負けると怒りだす年長のC君。「怒ってもいい。だって悔しいものね。でもずっと怒り続けていると友だちとあそぶ時間が短くなって、損をしちゃうから、早く元の気持ちに戻る練習をしよう。それがお得だよ。」と伝えると納得して練習することになりました。

　使うのは「あんしんボックス（p.98）」のなかに入れたスキルやツールです。なかでも彼はアロマオイルの香りをかぐことを選択することが多くありました。

　勝ち負けのある活動の前に、大好きなオレンジスイートとミントの香りをハンカチにしみこませておいて、怒ったらその匂いをかいで落ち着きたいといいました。

　何度も練習し、気持ちの調整がうまくなっていきます。最後は、これがなくても落ち着けるといい、自身で調整することもできました。

　学校に入学してからは、このアロマの香りつきハンカチをポケットに入れてあんしんアイテムとして使っていました。まさにお守りの役割も果たしていたと思います。

自分を知ることと
エンパワメントを使うこと

「気持ちの温度計」は、子どもが自分の感情を理解し、表現するためのツールとして活用されます。感情を温度やレベルにたとえることで、子どもが自分の感情の強さを視覚的に理解しやすくします。このツールを使うことで、子どもは自分の気持ちに気づき、それを適切に表現する練習ができます。

「気持ちの温度計」の取り入れ方

①温度計の説明

気持ちの温度計を子どもに見せ、「気持ちを温度にたとえると、気持ちがとてもつらいときは『低い温度』、とても怒っているときは『高い温度』になる」と説明します。
幼児の場合は数字より色分けするほうがわかりやすくなりますね。たとえば
「青色：へとへと」
「緑色：おだやか」
「黄色：イライラ」
「赤色：怒りやストレスを強く感じている」
というように子どもと相談しながら決めます。

気持ちの温度計の例

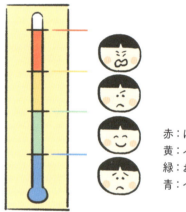

赤：ばくはつ
黄：イライラ
緑：おだやか
青：へとへと

②感情の温度を表現する練習

子どもが日常生活のなかで、気持ちがどう変化しているかを意識する手助けをします。たとえば、「今の気持ちは温度計でどれくらい？」と尋ね、気持ちを視覚化させます。幼児の場合はたとえば、「あそんでいて楽しいときは『緑色』、友だちとうまくいかずイライラしているときは『黄色』、さらに気持ちがたかぶって怒ってしまったときは『赤色』」というようになります。

③感情への対処方法をサポート

子どもが気持ちの温度計を使って自分の感情の強さを理解したら、その感情にどう対処するかも伝えます。たとえば、温度が高くなっている（怒っているなど）場合、深呼吸をしたり、リラックスする方法を提案します。これにより、感情の調整方法を体験します。温度計の数値が高かったり、色が赤色に近いときは、「少し休憩しようか」「深呼吸してみよう」といった提案を早めに大人がしていきましょう。

④定期的に使う習慣をつくる

気持ちの温度計は、感情を視覚化し、表現するためのツールです。特定の感情を感じる場面だけではなく、日常のなかで定期的に使うことで、子どもが自分の気持ちを日々のなかでより自然に認識し、表現できるようになります。

⑤支援者とのコミュニケーションツールとして使う

子どもが気持ちの温度計を使って自分の感情を表現できるようになると、それを周囲の大人や友だちとも共有することができます。たとえば、「今は気持ちが赤色、少し休みたい」と子どもがいえるようになれば、周囲の人々もその子どもを理解し、適切な対応がしやすくなります。

自分を知るためのツールとして

感情の調整のために、本人が好きなもの、リラックスできるものを積極的に使うことをおすすめします。この安心ツールを「あんしんボックス（p.98）」に入れて、いつでも使えるようにしておくとよいですね。ただ、自分の感情を認識するのが難しい場合は、大人がよく観察し子どもの変化に気づき早めにリラックスする方法を提案することも大切です。

また、落ち着ける、ひとりになれる場所として「リソーススペース」の設定も提案してみましょう。ネガティブな感情になっても、元に戻せたという調整力は子どもにとって自信となります。大人が適切に、サポートしていきましょう。

赤の手前の黄色のような、そろそろ注意の段階でのアプローチのほうが気持ちを元に戻しやすいですから、落ち着いた状態が維持されやすい活動や環境の設定も大切です。この落ち着いていられる条件も子どもと共有すると自分理解に役立ちますね。

困難やストレスを乗り越える「レジリエンス」を育む

レジリエンスとは、困難やストレスに直面したときに、それを乗り越え、前向きに適応しようとする力です。

レジリエンスをもつ人は、困難な状況に対しても回復力を発揮し、さらに成長することができます。この能力は先天的なものではなく、育むことができ、特に幼少期からの支援や環境が大きく影響します。

レジリエンスを育むポイント

＊安全で信頼できる人間関係

レジリエンスを育むためのポイントは、安全で信頼できる人間関係がベースとなります。子どもを取り巻く大人が、安定した愛情をもって接することが、子どもが自分の価値を感じ、困難に対処する自信をもつ基盤となります。信頼できる人がそばにいることで、子どもは安心感を得て、リスクをとることや新しく挑戦することに対しても前向きに取り組めるようになります。

＊子どもの強みを認め、活かす

発達が気になる子は苦手なことも多いですが、苦手なことは責めずに支援しながら、その子ができていることを見つけそれを増やすことを中心に考えます。一見マイナスな行動に見えることでも、よく見ると、子どもはけっこうがんばっていることがわかります。子どもの努力やぎりぎりのがんばりを承認することで、またがんばろうという気持ちを育みましょう。

＊大人が、失敗に対するポジティブな視点をもつ

失敗を経験した際に、その失敗を責めたり否定的に捉えたりせず、学びの機会としてポジティブに捉えるよう促します。これは、前向きな思考パターンを育てることにもつながります。いろいろありますが「なんとかなる」「苦手なことがあっても工夫次第だ」と思える視点をもつことは、レジリエンスを高める重要な要素となります。大人がまずその視点をロールモデルとして子どもに示しましょう。

＊あそび心やユーモアを取り入れることもおすすめ

ストレスの多い状況や困難な問題に直面しても、笑いやユーモアで気持ちを軽くすることで、心の柔軟性が高まります。

目指すは子どものメンタルコーチ

　子どもは些細なことで不安になったり、落ち込んだり、イライラしたりしてしまいます。発達が気になる子だけではなく、情動の調整がまだまだ未熟だからです。だからこそ「がまんしなさい」「切り替えなさい」とただ伝えるのではなく、必要なツールを使って、その気持ちを元に戻すこと、その気持ちと上手に付き合うことを伝えたいのです。

　ツールをもっていないから、不安や自分の課題に対するアプローチができずにさらに不安を強くし、課題に向き合えないのです。

　子どもは1mmも変えずに、困っている子どもたちの「状況を変えるためのツール」と「それを活用するためのスキル」を一緒に考えてほしいのです。そして、子どもがそのツールとスキルを使えるように勇気づけ、成功に導き、うまくいったら共に喜ぶマインドをもってほしいと思います。

　レジリエンスを育む視点をもちながらも、大人が目指すのは子どものメンタルコーチです。自分を支えてくれるメンタルコーチがそばにいることは、発達が気になる子には大切なことなのです。

不安を感じたり、かんしゃくを起こしたりする子に、大人がツールを使って成功に導き、共に喜ぶ

気持ちを切り替えられないDちゃん

　子どもが失敗して気持ちがなかなか立て直せないとき「魔法の言葉」をつぶやいてみようと提案することがよくあります。「まあいいか」「明日があるさ」「失敗は成功のもと」など。

　Dちゃんは「ドンマイ」を選んで、使うことになりました。お母さんも「失敗に弱いほうなので」といい、お母さん自身も「ドンマイ」を一緒に使うことになりました。すると、お母さんが失敗するとDちゃんは「ドンマイ」と励ましてくれる、それが本当にうれしかったと話してくれました。お母さんが喜んでくれることで、Dちゃんは自分への「ドンマイ」もさらに上手になり、気持ちの立て直しが早くなったとのこと。親子で支えあう「ドンマイ」はまさにレジリエンスを育む魔法の言葉になりました。

05 それぞれの課題と支援のポイント

解説の
ポイント
- ☑ ASDの特性とソーシャルスキルのポイント
- ☑ ADHDの特性とソーシャルスキルのポイント
- ☑ LDの特性とソーシャルスキルのポイント

　発達障害には、ASD（自閉スペクトラム症）、ADHD（注意欠如・多動症）、LD（学習障害）などが含まれますが、この項目ではこれらの特性とソーシャルスキルの支援のポイントについて解説します。

ASDの特性とソーシャルスキルの支援のポイント

　ASDの子どもは、社会的なやり取りの難しさがあります。相手の感情や意図を読み取るのが難しく、共感や相互的な会話が苦手です。たとえば、話題の切り替えや相手の反応を適切に考慮せず、一方的に話し続けることがあります。

　アイコンタクトや表情、ジェスチャーなどの非言語的なサインを読み取ることも苦手です。また、特定の話題にこだわり、同じ質問や話題を繰り返す傾向があることも多く、やり取りとして成立しにくいことがあります。

　マイペースでこだわりが強い傾向もありますので、気持ちや行動の調整、集団など周囲の状況に合わせて行動することが難しい状況が顕著です。

　「ソーシャルスキル」に学習障害をもっているともいえるでしょう。しかし、私たちはそこに気づかず「話せばわかるだろう」「注意すればできるようになるだろう」と働きかけてしまいます。学びにくさを念頭におき、本人の特性や理解度に応じた、丁寧なサポートが必要です。また相手の気持ちを察する、場の空気を読むといった過度な目標設定や要求をしないことも大切です。

ASD ソーシャルスキルの支援のポイント

ASDの子どもは社会的なやりとりの難しさがあります。本人の特性や理解度に応じた丁寧なサポートが必要です。

1. 視覚的サポートの利用

ASDの子どもは視覚的な情報を理解しやすい場合が多いといえます。イラストやときめきカード、動画などを使って、具体的なシチュエーションや適切な行動を視覚的に示すと効果的です。

2. 具体的でシンプルな指示

抽象的な表現や曖昧な言い回しは理解しにくいことがあります。明確で具体的な言葉を使い、何をすればよいかをはっきりと伝えることが大切です。たとえば「ちゃんとあいさつして」ではなく「こんにちはといってね」というように説明します。

3. 一貫性と繰り返しの重要性

ASDの子どもにとって、新しいスキルを身につけるには何度も練習をすることが必要です。一貫したルールやパターンを用い、日々の生活のなかで繰り返し支援することで、ソーシャルスキルが定着しやすくなります。

4. 予測可能な環境づくり

ASDの子どもは予測できない状況や変化に対して不安を感じやすい傾向があります。ソーシャルスキルの練習中も、ルーティンをつくることで、子どもが安心して取り組める環境を整えます。事前に練習の流れや次に何が起こるかを知らせるとよいでしょう。

5. 個々の特性に応じた支援

ASDの特性や発達段階には個人差があります。一人ひとりのニーズや強み、興味に合わせて支援方法を柔軟に変えることが大切です。興味のあるものや活動を使って、ソーシャルスキルの練習を楽しくすることが効果的です。

6. 感情理解と表現のサポート

自分や他者の感情を理解し、適切に表現することは、ソーシャルスキルの重要な要素です。感情を視覚的に表現したカードや、感情理解に視点をおいたあそびを通じて、感情の認識と表現を支援します。

7. 役割あそびやシナリオ練習

実際の社会的状況を模倣した役割あそびやシナリオ練習は、ASDの子どもにとって非常に効果的です。具体的な場面を設定し、あいさつや順番待ちなどのスキルを練習することで、実際の場面でどう対応すればよいかを学びます。

8. ストレスや不安への配慮

社会的状況がASDの子どもにとって大きなストレスになることもあります。子どもが不安やストレスを感じた場合に使えるリラクゼーションやクールダウンの方法を伝え、過度な負担を避けるよう配慮します。

ADHDの特性とソーシャルスキルの支援のポイント

相手の話を最後まで聞かずに口を挟んだり、話題からそれたりするなど、衝動的な発言が見られます。集中力の欠如により、会話の内容を忘れることもあります。

社会的なルールや状況に応じた発言のタイミングがわからず、場違いな発言をしてしまうなど、適切な会話のタイミングをとれないこともあります。落ち着きがない・衝動的な行動特性があるため、気持ちや行動の調整が難しかったり、集団行動の際に逸脱してしまう傾向もあります。

叱ってもよくならないのですが、叱られることも多く、それによって自己肯定感を下げてしまうことが心配です。

 ## つい走りまわるE君

園の部屋で走りまわることが多いE君。落ち着いてあそべることも多いのですが、体のムズムズが抑えきれずに動いてしまいます。そこで先生は走る代わりに、ひとり用のトランポリンとバランスボールで体を動かすことを提案しました。走りたくなったら、トランポリンを跳ぶか、バランスボールに座って弾むかを選んでとお願いしました。

最初は、走り出したら先生が誘導していましたが、徐々に自分で「走りたい」という感覚をつかんできたのか「先生、跳んでくるね」といい、自分からトランポリンやバランスボールであそびだすようになりました。そこで満足すると、また大好きなブロックや、粘土などで落ち着いてあそびます。「走る×」でも、「トランポリンを跳ぶ○」という、切り替え力が育まれたことを感じ、先生はとてもうれしく思ったそうです。

ADHD ソーシャルスキルの支援のポイント

ADHDの特性である注意力の欠如や衝動性、多動性に対応しながら、社会的なスキルを学べる環境を整えることが鍵です。

1. 短く明確な指示を使う

長い説明や複雑な指示を理解するのが難しいことがあります。具体的で簡潔な言葉を使い、一度にひとつのタスクに集中できるよう指示を出します。短く段階的に説明することで、理解が深まります。

2. 視覚的サポートの活用

口頭の指示だけでは集中力がもたないことがあるため、視覚的な支援が効果的です。ときめきカード（p.138）、ルールのポスターなどを使って、適切な行動や手順を視覚的に伝えることで、子どもが迷わず行動できるようになります。

3. ルールの一貫性と予測可能な環境を提供

ルーティンや予測可能な環境のなかで落ち着きやすくなります。一貫したルールやスケジュールを守ることで、子どもが次に何をすればよいかを理解しやすくなり、不安や混乱を減らすことができます。

4. 興味やモチベーションを活かす

自分が興味をもっていることに対しては高い集中力を発揮します。子どもの興味を引き出し、それをソーシャルスキルの支援に組み込むことで、学びに対するモチベーションを高められ、スキルの習得がスムーズになります。

5. 衝動性への対応

衝動性により、待つことが難しかったり、相手の話を遮ったりすることがよくあります。こうした行動に対しては、クールダウンの時間を設け、落ち着いてから再びソーシャルスキルあそびに取り組めるようにするとよいでしょう。

6. 体を動かしながらの学習

じっと座っていることが難しい場合は、体を動かしながら学べる活動やゲームで、学びが定着しやすくなります。たとえば、ソーシャルスキルをロールプレイで練習する際に動きを伴うアクティビティを加えたり、クイズ形式で楽しく取り組めるよう工夫することが効果的です。

7. 集中をサポートする環境づくり

集中しやすい環境をつくることも重要です。騒がしい環境や視覚的に散らかった空間では集中力が削がれやすいので、できるだけ静かでシンプルな環境で支援を行うことが望ましいです。また、短い時間で集中できる活動を積み重ねるほうが、長時間の活動より効果的です。

8. 感情コントロールの支援

ADHDの子どもは、感情のコントロールが難しい場合があります。感情が高ぶったときには、呼吸法やリラクゼーションのテクニックを伝えることで、感情を落ち着かせる方法を学んでもらいます。また、自分の感情を言葉で表現する練習を行うことも大切です。

LDの特性とソーシャルスキルの支援のポイント

　読み書きや言葉の理解に困難を伴うことがあり、複雑な指示や長い文章の理解が苦手など、言語理解の難しさをもつ場合があります。

　また、自分の考えや感情を的確に言葉で表現することが難しく、誤解を招くこともあります。この状況に周りが気がつかないことも多いので、気持ちの不安定さや、集団のなかで行動することに自信がなくなり、それが不適応行動として見られることもあります。

LD ソーシャルスキルの支援のポイント

LDの子どもは、読む・書く・計算などの学習分野に困難を抱えることが多く、社会的スキルの指導においてもこれらの特性に応じた支援が求められます。

1. 視覚的・具体的なサポートを活用

LDの子どもは抽象的な概念や言語情報を理解することが難しい場合があります。絵や図、実際の場面を示す視覚的手がかりを活用し、具体的な状況や行動を見せながら支援します。

2. シンプルで明確な指示

複雑な指示や長い説明は理解しにくいことがあります。短くシンプルな言葉で指示を出し、一度に伝える内容を少量に抑えることが重要です。また、行動を段階的に分解して一つひとつ伝えるとよいでしょう。たとえば、「友だちと話すときは、まず目を見て、次に笑顔を見せてあいさつしよう」といったステップで伝えます。

3. 成功体験を積み重ねる

自信を育てるために、できたことを積極的に褒めて肯定的なフィードバックをすることが大切です。失敗ではなく、成功に焦点を当てることで、子どもの自己肯定感を高め、次の挑戦に向かう意欲を引き出します。また、失敗したことによる学びも大切にする、という考えを伝えて「失敗」を生かす視点を育みましょう。

4. 個別のニーズに合わせたペースで支援

LDの子どもは情報処理に時間がかかることがありますので、一人ひとりの学習ペースに合わせた支援が必要です。焦らせることなく、理解が進んでいるか確認しながら進めます。また、わからない部分があれば、繰り返し説明したり、別の方法で伝えたりするなどの工夫をします。

5. 実際の場面での練習機会を増やす

ソーシャルスキルは実際の社会的状況での練習が不可欠です。学んだスキルを、実際に使う機会を提供することで、子どもがそれらのスキルを実生活に適用しやすくします。たとえば、友だちとあそぶ際や、グループ活動で実践できるようにサポートをします。

6. 仲間からのサポートや協力を促進

ソーシャルスキルの支援は、同年代の友だちや仲間との協力が効果的です。ペアワークやグループアクティビティを活用して、自然な形でのソーシャルスキルの練習を促します。仲間の手本を観察することは、スキルの習得に役立ちます。

7. 自己管理スキルの発達を支援

LDの子どもは、自分の行動や感情を管理することが難しい場合があるため、自己管理スキルの発達をサポートします。たとえば「クールダウンスペース」などを設けて、自分を落ち着ける方法を教えたり、スケジュールやタイムマネジメントを視覚化することで、自分を知り対策を立てるスキルを育みましょう。

RIRON 06 4つの領域を支援するポイントを理解しよう

解説のポイント
- ☑ コミュニケーション・対人関係スキルの課題と支援のポイント
- ☑ 発達障害をもつ子どものセルフレギュレーション・集団行動の課題と支援のポイント
- ☑ ソーシャルスキルあそびの特色

コミュニケーション・対人関係スキルの支援のポイント

　発達障害の特性を理解し、それぞれの子どもの個別のニーズに応じた支援を行うことは、ソーシャルスキルの支援に重要です。特に「コミュニケーションスキル」「対人関係スキル」「セルフレギュレーション」「集団行動スキル」の4つの領域にわけて支援を考えることで、具体的かつ効果的なサポートが可能となります。

　本項目では、それぞれの領域について解説します。

コミュニケーション・対人関係スキル領域の課題として考えられること

非言語的なコミュニケーションの理解・活用の難しさ
表情やジェスチャー、アイコンタクトといった非言語的なコミュニケーションを理解したり、それを自分から使ったりすることが難しいなど、相手の気持ちや意図を読み取るのが難しく、誤解が生じやすくなります。

会話の順序やルールを守ることの難しさ
会話には相手が話すのを待つ、相手の話に応答する、トピックを保つなどのルールがありますが、これらのルールを守るのが難しい場合があります。

言語の理解・表現の難しさ
言葉の意味を文脈に応じて理解したり、自分の気持ちや考えを適切な言葉で表現することが難しい子どももいます。また、比喩や冗談、皮肉などの抽象的な表現を理解するのが難しい場合も多いです。

対人関係の築き方の難しさ
他者と自然な形での関係を築くのが難しいことがあり、他者との距離感を保つことや、相手の気持ちに共感することが難しい場合もあります。

感覚過敏・感覚鈍麻がコミュニケーションや対人関係に影響を与える
聴覚過敏のために大きな音が苦手で、人混みの中での会話が困難だったり、触覚過敏のために触れ合いを避ける傾向が強くなったりします。

コミュニケーション・対人関係スキル領域の支援のポイント

＊明確で具体的なコミュニケーション

コミュニケーションと対人関係スキルは、日常生活で常に曖昧な表現や抽象的な指示ではなく、具体的で一貫性のある言葉を使うことが重要です。
たとえば、「少し待って」ではなく「3分間待ってください」と具体的な時間を示しましょう。言葉だけでなく、視覚的な情報（文字、図、イラストなど）を活用して、コミュニケーションを補助することも有効です。

＊社会的なスキルの学習

発達障害の子どもが、適切な対人関係スキルや感情の読み取り方を学ぶためのプログラムがソーシャルスキルトレーニング（SST）です。具体的な状況に基づいたロールプレイやモデリングを通じて、コミュニケーションを練習します。
本書では、このソーシャルスキルトレーニングをあそびという視点で紹介していきます。

＊フォローアップとフィードバック

子どもが適切なコミュニケーションや対人関係スキルを使えた際には、肯定的なフィードバックをすることで、その行動を習慣化する手助けができます。

＊コミュニケーションの負荷を軽減

騒音や過度な刺激を避け、集中しやすい環境を整えることが、発達障害の子どもにとって大切です。
また、スケジュールやルールを明確にし、予測可能な環境をつくることで、安心感をもたせます。

セルフレギュレーションの支援のポイント

セルフレギュレーション（自己調整力）とは、自分の感情、思考、行動を意識的に管理し、目標に向けて適切に調整することを指します。

しかし、発達障害、および発達が気になる子のセルフレギュレーションを考えるときに大切なのは、感情や行動の調整が難しくなったときに、そのマイナスな状態から元に戻す支援・戻せるという体験が大切です。そのための支援を大人が適切に用意します。

セルフレギュレーションの課題として考えられること

感情の調整の難しさ
怒りや不安などの感情を適切にコントロールできず、爆発的な行動やパニックにつながりやすい場合があります。

注意力の欠如
注意を維持することが難しいため、学習や日常生活での活動に集中し続けることができない場合があります。

衝動的な行動
衝動的な判断や行動をとりやすく、状況に応じた適切な行動をとりにくいと考えられています。

ストレス管理が苦手
小さな変化や刺激に対しても過敏に反応し、ストレスを感じやすいということが考えられます。

スケジュールやルールなどを視覚的に提示して行動の見通しを立てやすくしたり、呼吸法や簡単なストレスに対応するスキル（アンガーマネジメントなど）を伝えることで感情の調整の支援をする方法もあります。

また、小さな成功を積み重ねることで、なんとかなるという感覚を高めてモチベーションを向上させる方法もあります。

感覚過敏のある子には自分の落ち着けるスペース（リソーススペース）で必要に応じて少し離れて休む時間をもたせるなどの支援があります。イライラしてしまう、怒ってしまう、不安になる、それでもOK。そこから元に戻す調整力こそが、セルフレギュレーションということになります。

集団行動スキルの支援のポイント

　集団行動とは、複数の人が共通の目標や目的のもとで、協力し合いながら一緒に行動することを指します。学校や家庭、社会生活のあらゆる場面で見られるもので、ルールや役割を守りながら、他者と調和して活動する力が求められます。

集団行動スキルの課題として考えられること

指示の理解と応答の難しさ
集団行動では、全体の指示やルールに従うことが求められますが、これを理解し、即座に行動に移すのが難しい場合があります。また、注意が散漫になりやすいため、集団での指示が聞き取れない、あるいは忘れてしまうこともあります。

ルールや順番を守ることが苦手
集団行動には「順番を待つ」「相手にゆずる」といったルールが存在しますが、これらを認識し実行することが難しい場合があります。

社会的な状況の理解が困難
状況に応じた適切な振る舞いがわからず、たとえば静かにしなければならない場面で騒いでしまったり、興味がない活動から離れてしまったりすることがあります。また、集団活動の一体感をもつことが難しい場合があります。

感覚過敏・感覚鈍麻が集団活動に影響する
感覚過敏により集団の騒音や活動の刺激に耐えられない場合があり、特に体育や音楽の時間、行事などでストレスが強くなります。また、触覚過敏が原因で体を動かしたり触れ合ったりすることに抵抗を感じることもあります。

　支援のポイントは、集団行動のルールを視覚化し、わかりやすく明示することが効果的です。とるべき行動をイラストで示し、いつ、どのように行動すればよいかを事前に伝えると理解がしやすくなります。

　また、子どもに集団のなかで自分の役割をもたせてみましょう。集団に参加しているという感覚が高まります。たとえば、クラスで当番を任せる、活動のお手伝いをしてもらうなどです。

　スモールステップの目標設定も大切です。「みんなと一緒に短時間なら座ることができる」「2人ならほかの子と交代できる」など、シンプルな行動から始めましょう。

　長時間の集団行動が難しい場合には、途中で短い休憩を入れることで、無理なく参加できるようにします。

　はじめは少人数のグループで活動し、徐々に大きな集団へと適応していくように支援することが大切です。

　しかし、子どもの状態によっては、本人のキャパシティーに関する配慮も必要です。その子が適応しやすい集団の大きさを理解し、多すぎる集団環境で失敗してしまうことのないように、環境の調整をしていきましょう。

領域別ソーシャルスキルあそびの特色

ソーシャルスキルあそびは、あそびそのものが楽しいため、コミュニケーションに対する苦手意識や、抵抗感がなくなり「楽しくあそんでいたら、ソーシャルスキルが体験できた、身についた」ということを大切にしています。

しかし、それでも苦手意識や抵抗感が強くて参加したくない子もいるでしょう。見学や「参加しません」という意見も、大人が受け止めましょう。まさに、これを大人に伝えられること、そして相談して参加しない場合の活動を決められることが、ソーシャルスキルなのです。

参加して体験させることより、大切な子どもからの発信を大切にしてください。このようにあそびの場は安心して参加できる環境設定が重要です。

あそびがイメージできるような視覚的支援と説明、あそびの流れがわかるようなワークシステムの提示、あそびをスムーズに進行するための大人のファシリテートやサポートなど必要に応じて工夫をしていきましょう。

コミュニケーションスキルあそびの特色
第2章・p49〜

言葉ではないコミュニケーションに注目すること・人に伝えること・人から伝えられることをあそびのなかで楽しみます。形式張った対話よりもリラックスした状態でコミュニケーションをとることができます。これにより、言語や非言語的スキルが無理なく育まれます。

〈こんな子におすすめ〉
*伝える・聞きとる力が未熟な子
*集中して聞くことが苦手な子
*切り替えが苦手な子
*友だちとやり取りするのが苦手な子　など

対人関係スキルあそびの特色
第3章・p71〜

役割分担をしたり、相手視点に立って行動したり、マナーやルールを意識してゲームをするなど、あそびを通して、他者の感情や反応を読み取ることが求められます。これにより、共感力が養われ、相手の気持ちを理解しようとする態度が育ちます。

〈こんな子におすすめ〉
*相手の視点に立てない子
*相談する・折り合うことが苦手な子
*友だちとの関わり方が未熟な子
*意見をいうのが難しい子　など

セルフレギュレーション あそびの特色
第4章・p93〜

　見る・聞くことからはじまり、自分の行動や気持ちを調整しないと楽しくあそべないので、自然と自身を調整することが求められます。アンガーマネジメントや、レジリエンスを育める内容もあそびで体験できるように設定しています。自分を知ることや、自分の傾向に対して対策を立てることを目的にしたあそびもあります。

〈こんな子におすすめ〉
＊気持ちや行動の切り替えが苦手な子
＊失敗に弱い子
＊集中できない子
＊不安が強い子　など

集団行動スキル あそびの特色
第5章・p115〜

　2人から少人数でのあそびが中心です。まずは少ない集団のあそびから、周囲に合わせる、協力してあそぶことを大切にしてください。これにより、協力し合いながら課題を克服する方法を学びます。周囲に合わせることや、協力することが苦手な子でも、あそびのなかでその楽しさを体験できるように子どもの人数や、構成を調整するとよいでしょう。

〈こんな子におすすめ〉
＊集団行動に不安を感じる子
＊負けを受け入れるのが難しい子
＊順番が守れない子
＊マイペースで周囲と歩調を合わせるのが苦手な子　など

　すべてのあそびに共通していますが、あそびのなかで起こる小さな衝突や課題を解決するプロセスを通して、対話を通じた折り合いがつけられるように大人が仲立ちになりましょう。
　個々の子どもの特性に応じた大人の支援が、さらにあそびを楽しくしていきます。また、すべての子どもが安心して自己表現でき、失敗や間違いを恐れずあそぶために、次のことを心がけましょう。

①失敗が許容される雰囲気をつくる
②協力型の活動で他者と助け合うことを重視する
③一人ひとりのペースや得意・不得意を尊重すること
④適格なルールと進め方を事前に伝えること
⑤ポジティブなフィードバックを与えること　など
　決して否定されない「心理的安全性」を確保することを忘れないようにしましょう。

07 カードを支援に使ってみよう

解説のポイント
- ☑ カードの理解と支援
- ☑ 使い方のポイント：好きなキャラクターを生かして「やる気よりその気」にさせる
- ☑ 指導ツールではなく支援方法

カードの意義

　発達障害をもつ子どもを対象に、適切な行動やスキルを促進するために使われる視覚的なサポートツールとして、アイリーサ・ギャニオン氏により「パワーカード」が開発されました（ギャニオン氏は短いシナリオとパワーカードの2つをパワーカード法の構成要素としています）。

　名刺サイズのカードには、子どもが好むキャラクターや関心のあるものを使って、期待される行動や適切な行動を説明した短い文章が記載されます。これにより、適切な行動の理解を助け、行動を促す効果が期待されます。

　発達障害をもつ人たちは、言語的な情報よりも視覚的な情報を理解しやすい場合があります（言語的な情報のほうが理解しやすい人もいます）。パワーカードは、簡潔な言葉と視覚情報を組み合わせて、わかりやすく行動の指針を示します。

　また、好きなキャラクターやテーマを使用することで、興味を引き「やってみよう」という動機づけを高めます。たとえば、子どもがスーパーヒーローが好きであれば、そのヒーローを使って適切な行動を伝えることで、子どもは「ヒーローがこういっているから」「ヒーローみたいにやってみたい」と行動に移しやすくなります。

　このように、特定の社会的スキルや適応行動を学ぶのに、具体的でわかりやすい方法として機能します。

　たとえば、「ありがとう」というべき状況を学ぶために、カードにシチュエーションと行動を記載しておきます。そして「ありがとう」ということを、やってみたいと思わせることもできます。

　ただしすべてがうまくいくとは限りません。その気になってできるときもあれば、もともと本人にとっては難しいスキルや行動・情報の調整にチャレンジしていくのですから、できないときは「そんなときもあるよね」「今日は難しいね！」とサラリと割り切ることも大切です。

　もちろんできたときには承認し、うまくいったときに注目してその回数が少しずつ増えていくことを子どもと一緒に喜びましょう。

カードを使った支援のポイント

カードを使うときには、子どもの興味に合わせたカスタマイズをしましょう。興味をもつキャラクターやテーマを選ぶことが最も重要です。これにより、より強い関心と理解が得られやすくなります。

シンプルで具体的なメッセージを工夫しましょう。

カードに書かれるメッセージは、簡潔かつ具体的にしましょう。長い文章や複雑な表現は避け、行動を理解しやすい内容にすることが大切です。

また、適切なタイミングで使用しましょう。子どもに適切な行動をとってほしい場面でカードを使用し、その場面に関連した内容で伝えます。日常生活のなかで、特定の状況に合わせたカードを準備するのが効果的です。

そして継続的なフィードバックをしましょう。行動が期待通りにできた場合、すぐにフィードバックや褒めるなどの称賛をすることで、カードの効果を強化します。また、繰り返し使うことで適切な行動が定着する効果が期待できます。

カードは、単なる支援ツールではなく、子どもの自己肯定感を育み、社会的スキルを自然に学べるように工夫された支援方法です。そのため、無理のない行動を選択することが大切です。

たとえば、5分程度しか着席できない子に、（子どもの状態を無視して）30分以上の着席を促すなど、こちらの期待が先行しないように注意して作成しましょう。

本書では「ときめきカード」という観点から第6章で使い方、つくり方を紹介しています。子どもが心から楽しみ、ときめきを感じられるようなイラストと例文を添えました。くわしくは、138ページをご確認ください。

問題のある場面でカードを使用して伝える。継続的に繰り返すことで身につく。しかし子どもがカードを使うのを嫌がったら、止めること。自分から使いたくなるようなときめきのあるカードをつくれるように努めたい。

ときめきカードのつくり方

① テーマとキャラクターを選ぶ

子どもが好きなキャラクターや興味のあるものを選びます。カードに登場するキャラクターやテーマは、子どもが好きなものにすることが重要です。たとえば、スーパーヒーローやキャラクター、動物などです。子どもの関心が強いほど、カードのメッセージに対する反応がよくなります。

② 具体的な目標を決める

伝えたい行動やスキルを明確にします。どのような行動を促進したいのか、具体的な目標を設定します。たとえば、「友だちにありがとうという」「順番を待つ」「手を洗う」など、日常生活のなかで重要なスキルや社会的行動を取り上げます。

③ シンプルで具体的なメッセージを作成

簡単な言葉で伝えたい行動を説明します。子どもが理解しやすい短い文章を使って、キャラクターがその行動を奨励している形でメッセージを作成します。たとえば、スーパーヒーローのキャラクターを使った場合、次のようなメッセージをつくるのはいかがでしょうか。
「スーパーヒーローも順番を待っているよ！君も順番を待とう！」「ヒーローは友だちに『ありがとう』というよ。君もいってみよう！」

④ 視覚的要素を加える

メッセージに対応するキャラクターやシーンのイラストや写真をカードに配置します。視覚的な要素を加えることで、子どもがより興味をもち、行動を理解しやすくなります。キャラクターやシチュエーションがはっきりわかるものにしましょう。

⑤ カードをコンパクトにする

持ち運びやすいサイズにします。カードは手軽に使えるよう、小さめのサイズにします。これにより、必要な場面で簡単に取り出して使うことができます。

⑥ ラミネート加工や耐久性の向上

耐久性をもたせましょう。カードをラミネート加工することで、汚れや破損を防ぎ、長期間使用できるようにします。子どもが頻繁に使用する場合、丈夫な素材にすることで、より実用的になります。

⑦ 使用方法の計画

タイミングと使い方を考えましょう。カードは、特定の行動を期待する場面や状況で使うと効果的です。たとえば、朝の集まりの会、学校での特定の時間、社会的なやり取りが必要なときなど、使用するタイミングを決めておきます。

> ときめきカードの例は138ページから紹介します。参考にしてください。

CASE STUDY ケーススタディ

廊下を走ってしまうF君

5歳のF君は、園の廊下をいつも走ってしまいます。ときには、友だちとぶつかりそうになったり、実際にぶつかって危険なこともありました。新幹線が大好きなので、新幹線を題材にしたカードを提示しました。新幹線は速いけど、出発は安全にゆっくり進むこと、カーブは慎重にゆっくりと曲がる、停止線ではきちんと止まることを伝えました。それと同時に廊下の曲がり角には停止線、真ん中にも左右を分ける線を引いて、人にぶつからず安全に歩ける視覚的手掛かりを付けました。すると、新幹線は「安全運転」という意識が芽生え、廊下を走ることがほとんどなくなりました。

また、友だちにときどき乱暴な言葉をいっていたので、「新幹線の運転手さんと車掌さんはお客様には丁寧な、あたたかい言葉で話します」という文章を加えたところ、意識してあたたかい言葉を話す機会も増えました。

学校での指示理解と行動が改善したG君

小学校低学年のG君は、授業中に席を立ったり指示を守らなかったりすることが多く、授業に集中できませんでした。G君が好きなスポーツ選手のカードをつくり、「集中して授業を受けると、カッコイイ選手みたいになれる」「集中するのが難しいときは、目をつぶり手のひらをマッサージして集中力を高める」「どうしても動きたくなったら、先生に伝えて廊下で○○選手のようにストレッチをしてみる」というメッセージを書きました。

G君は自分の憧れの選手に近づきたいという思いから、授業中に席を立つことは減り、そわそわするときはマッサージやストレッチも使い、徐々に授業中の行動が安定しました。カードのメッセージに、本人が使えるようなスキルを入れることも大切ですね。

帰宅後のルーティンの改善を図ったHちゃん

学校から帰宅後の準備が苦手だったHちゃんに、彼女が好きなキャラクターのカードを使って、「○○ちゃん（キャラクター）は、準備と宿題をさっさとやり、漫画を読む時間をたっぷりとっていました」「宿題が難しいときは、お母さんに手伝ってもらいました」という内容を書きました。Hちゃんはキャラクターが応援してくれていると感じ、また、宿題を手伝ってといってはいけないと思いこんでいたのが解消され、お母さんに手伝ってもらうことが増えました。お母さんがいってもすんなり頭に入らなかった「宿題を手伝ってもらってもよい」という考えを受け入れてくれて、帰宅後の生活がしやすくなりました。

失敗に弱いIちゃん

6歳のIちゃんは、失敗するとイライラしてときには、怒りだしてしまいます。そこで、「失敗は成功のもと」というときめきカードを作成しました。「ときどき失敗することは、ダメなことでなくむしろいいこと」「失敗から学んで、次の成功につなぐことができる」「人は失敗しながら素敵な大人になる」と伝えました。失敗＝ダメなことという思い込みが少しずつ変わりました。魔法の言葉としておまじないのように、「失敗は成功のもと」「まあいいか」「次、がんばろう」「ここから、ここから」などという言葉をいうことも加わり、徐々に失敗を受け入れられるようになりました。

人は誰でも失敗する、自分だけではないということにも改めて気づき、「楽になった」といっていました。

失敗したときのイライラを解消するために「あんしんボックス（P.98）」（好きなおもちゃや、気分が変わるツール）を積極的に使ったことも、このカードを後押ししました。

思い込みを解消するのに役立つカードと共に、情動の調整を図る支援や、適切な支援者のサポートは欠かせないですね。

休み時間にひとりで本を読みたいJ君

本が大好きな7歳のJ君。人付き合いも苦手なので、学校の休み時間はゆっくり好きな本を自分の机で読みたいと思っていました。でも、友だちと関わらなくちゃいけないとがんばっていて、そのイライラが高じて、ときどきトラブルになっていました。
「休み時間は自由に過ごす権利があること」「ひとりで静かに本を読みたいときは、そのことをさりげなく伝えるメモを机においておくとよいこと」をカードにしました。

そして、「本を読んでいます。今は話しかけないでください」というメモボードを机におくことにしました。

休み時間は無理に友だちと交流しなくていいこと、メモボードをおいて、そのことを伝えることで、すっかり安心して休み時間のトラブルはほとんどなくなりました。

このことから、休み時間の過ごし方と、そのことを人に伝える手立てを学び、家庭でも何かに集中したいときは「今は話しかけないでください」というメモを使うようになりました。

切り替えのときはタイマーを使うことも了承し、自分の時間と切り替えることの調整をしてくれています。

第2章

あそび編

コミュニケーションスキル

第2章では、言葉ではないコミュニケーションに注目し、あそびのなかで、人に伝える、人から伝えられることを体験します。

こんな子におすすめ！　伝える・聞きとる力が未熟な子

ASOBI 01

伝言ゲーム

ささやき声が難しい場合はその場を離れて、伝えるように配慮する

最後の子どもがどんな伝言をされたか発表し、最初の文章との答え合わせをする

見学してもOK

あそびかた

1. 5人くらいの子どもで行う。

2. 大人が子どもの理解力やコミュニケーション力に合わせて、文章を考える。たとえば、「昨日は土砂降りで、傘がなくて全身びしょびしょになりました」「私の好きな食べ物は、ハンバーグと、ラーメンです」など。

3. 文章を順に伝言していく。

4. 隣の人に伝えるときには、ほかの人に聞こえないように耳元でささやくように伝える。声の調整を無理のないように促す。

5. 最後の子どもがどんな伝言をされたか発表し、最初の文章との答え合わせをする。

- 相手が聞きとりやすいようにゆっくり、はっきり、丁寧に伝える。
- 声の大きさを調整して伝える体験をする。

相手に伝わりやすい話し方を体験できます。伝言を聞くほうもしっかりと聞きとろうとするので、協力して伝えあうことができます。「相手に伝えることができた」というモチベーションにもつながります。

文章は子どもに合わせて「りんごを食べた」など短くしてもよいでしょう。最後の文章が最初とはかなり変わっているなど、うまく伝わらなくてもよいあそびなので、笑って楽しく終われることができ、安心です。

伝言ゲームは、メッセージが少しずつ変わっていく過程が笑いを生む、シンプルながら盛り上がるあそびです。

あそぶときのアドバイス

あそびをアレンジ

糸電話伝言ゲーム

伝言ゲームを、糸電話を使って行う。糸電話は交代しながら使い、伝言していく。最初の伝言内容を伝えるときは離れた場所で子どもを呼んで伝える。

ジェスチャー伝言ゲーム

簡単な文章を、ジェスチャーのみで伝える。「バナナを食べた」「走って転んだ」など。最後の人はジェスチャーを言葉にして答える。

糸電話伝言ゲーム

こんな子におすすめ！ 集中して聞くことが苦手な子

ASOBI
02 ミックスボイス

あそびかた

1. 大人2人、もしくは3人が子どもたちの前に立つ。

2. 大人のそれぞれが、「りんご」「バナナ」「みかん」など異なる単語をいっせいにいう。伝えるテンポや、声の大きさはあらかじめ打ち合わせをして、同じにする。

3. 子どもはその2つ、もしくは3つの単語を聞きわけて答える。

4. 答えるのは順番に、もしくはわかった人が手を挙げて、大人にさされてから答える。

5. 単語が同じカテゴリ（たとえば果物）なら聞きわけやすいが、別のカテゴリ（たとえば「ひこうき」「けしごむ」「オレンジ」）だと難しくなる。子どもの年齢や発達によって、大人の人数と単語の選択を工夫する。

- 集中して聞くことで、聞きわける力を育む。
- 順番を待って、手を挙げてさされてから答える体験をする。

聞きわけが難しい場合はひとりの発言を集中して聞くように促すとよいでしょう。複数の人の発言を同時に聞こうとすると聞こえてこない音が、ひとりに集中することでクリアに聞こえてくる体験になります。音感や聞きとり力を高めるだけでなく、音楽や日常の音を深く楽しむことにもつながるあそびです。

「人の話を聞くときは、その人に向き合い、集中して聞くことが大切」ということも学べます。

あそびをアレンジ

リズム合わせ

大人と子どもが向き合い、大人が楽しいリズムで手をたたく。「タン・タン・タン」「ターン・タタン」「タタタタタン」など。それを聞いて、子どもは同じリズムで手をたたく。呼応させて楽しむ。

言葉合わせ

ルールは「リズム合わせ」と同じ。リズムだけだとうまくたたけない場合は、言葉をのせてまねてもらう。たとえば「タン・タン・タン」は「い・ち・ご」、「タタタタタン」は「焼きそばパン」など。言葉をのせると楽しさもまして、聞きとってリズムにのせやすくなる。

言葉合わせ

こんな子におすすめ！　友だちとやり取りするのが不安な子

ASOBI 03

かんたん自己紹介

インタビューされながら自己紹介をする

インタビューする内容は子どもが答えやすい質問にする

あそびかた

1. 大人と子ども、もしくは子ども同士でペアになり、インタビューする人と、答える人の役割を決める。

2. インタビューする内容は、子どもが答えやすいものを用意する。
「好きなあそびはなんですか？」
「食べたことがあるもので、おいしかったものはなんですか？」
「みんなにおすすめのお菓子はなんですか？」
「今、はまっていることはなんですか？」など。

3. みんなの前に立ち、インタビューする人は、あらかじめ質問が書いてあるメモを見ながらインタビューする。答える人は、インタビューに答えながら自己紹介をする。

4. 自己紹介を聞く人は、紹介された項目ごとに「いいね」とコールする。

- メモを見ながら安心してインタビューをする。
- 自己紹介し、みんなから「いいね」をもらってうれしい気分を味わう。

あそぶときのアドバイス

人前で話すことが苦手な場合は、絵が描かれたカードなどから「好きなあそび」を選択してもらいます。大人が最初に、「○○くんの好きなあそびは……」と伝えたあと、その子にそのカードを出してもらうシステムもよいですね。そのときも、自己紹介を聞く人たちには「いいね」といいながら「いいねポーズ」をしてもらってもいいでしょう。

人前で話すことは、子どもにとって難しい場合もあるので、見学するなど参加しなくてもよいスタイルや、大人から紹介してもらうスタイルにしてもよいでしょう。

あそびをアレンジ

かんたん友だち紹介

インタビューまでは同じ。そのあとインタビューする人が、インタビュー内容のメモをもとに相手を紹介する。紹介された人は、最後に「紹介してくれてありがとう」とお礼をいう。

紙芝居自己紹介

インタビューのメモを、字や絵にして画用紙に書く。その画用紙を紙芝居のように提示しながら、自己紹介をする。画用紙をめくっていく動作などがお笑い芸人さんのようで楽しい。

かんたん友だち紹介

こんな子におすすめ！　集中して聞くことが苦手な子、切り替えが苦手な子

ASOBI 04

おちたおちた

あそびかた

1. 大人と子どもが向き合って座る。1対1でも、1対多数でもできる。

2. 大人が「おーちたおちた」というと、子どもが呼応して「なーにがおちた？」という。

3. 大人が「りんご」といったら、りんごをもつように両手のひらを上に向けるポーズ。「かみなり」といったら、おへそを隠すポーズ。「げんこつ」といったら、「頭を抱える」ポーズをとる。

4. 子どもの呼応の仕方によってはゆっくり、早くとテンポを変えて楽しむ。

効果とねらい

- 相手の言葉をしっかり聞いて、適切な動作に切り替える。
- 「おーちたおちた」「なーにがおちた？」とやり取りを楽しむ。

あそぶときのアドバイス

落ちてくるものとポーズはいろいろと変えても楽しいでしょう。3種類以上に増やしても、子どもの切り替え力をより育めるでしょう。落ちてくるものやポーズを子どもと話し合って決めるのも相談スキルの向上に役立ちますね。小学生には、落とすものを抽象的（愛、プレゼント、楽しさなど）にするとポーズの難易度がアップします。

大人の言葉に応じて、行動を切り替えていくので聞きとりだけでなく、思考の柔軟性が必要になるあそびです。

あそびをアレンジ

📖 とんだとんだ

大人と子どもは立って向き合います。「とーんだとんだ」「だれがとんだ？」のやり取りをして、「うさぎ」といったら、両手を耳にして両足で飛ぶ。「かかし」といったら、両手を広げて片方の足で飛ぶ。「ボール」といったらひざを曲げ小さく丸くなり、しゃがんだまま跳ねるなど。

とんだとんだ

📖 おちた・とんだ

「おーちたおちた」といわれたら、おちたおちたの呼応のルール（左記）、「とーんだとんだ」といわれたら、とんだとんだの呼応のルール（上記）を使う。子どもは柔軟に聞きとりと反応をしていく。

こんな子におすすめ！　話を最後まで聞けない子、手助けが求められない子

ASOBI 05

スリーヒントゲーム

ヒントがほしいときに使う

・くだもの
・あかい
・まるい

問題のレベルをいろいろ用意し、ヒントも多く考えておく

あそびかた

1. 3つのヒントで、「あるもの」を当ててもらう。たとえば「果物」「赤い」「丸い」など。答えはりんご。あらかじめ大人は問題とヒントを用意する。

2. わかった人は、手を挙げてさされてから答える。

3. 難しい問題も用意して、スリーヒントではわからない場合は、「ヒントをください」のヘルプサインを子どもからだしてもらう。
たとえば、「食べ物」「あまい」「いいにおい」など、これではいろいろな「食べ物」が浮かぶので、さらにヒントを要求してもらう。

4. 「ヒントをください」は言葉でいってもらってもよいし、ヘルプカードにして提示してもらってもよい。

効果と
ねらい

- 話を最後まで聞く。聞きながら考え、聞き終わってから答える。
- 必要なら「ヒントをください」と手助けを求める体験をする。

最後まで話を聞かずに、会話の途中で話してしまう子も多いので、相手の話が終わってから答えるということを、あそびのなかで体験できます。

あらかじめ、子どもの年齢や知識レベルに合わせて、いろいろなパターンのクイズの準備をしておきましょう。答える方法は順番でも、手を挙げてさされてからでもよいでしょう。途中でわかった人も3つのヒントを聞き終わってから答えるようにします。

あそぶときの
アドバイス

あそびをアレンジ

ファイブヒントゲーム

ヒントを5つに増やす。途中でわかってもヒントをすべて聞き終わるまで答えることはできない。

予想でヒントゲーム

全員がわかって手を挙げるまで大人がヒントをだし続けるゲーム。早めにわかった人は手を挙げて、答えるのを待つ。全員がわかって手を挙げたら「せーの」で一斉に答えてもらう。

予想でヒントゲーム

こんな子におすすめ！ ワーキングメモリが弱い子、友だちとやり取りするのが不安な子

ASOBI 06 ナンバーコール

コールしてレスポンスがあることを楽しむ

まわりに聞こえるようにコールをする

自分のナンバー

相手のナンバー

4 !!
2 !!

あそびかた

1. 5人くらいの大人と子どもで輪になって座る。
2. それぞれに1から5までのナンバーをわりふる。
3. ナンバー1の人から自分のナンバーをコールした後、ほかの人のナンバーをコールする。「1・3」など。
4. コールされたナンバーの人は、自分のナンバーをコールした後、「3・4」などほかのナンバーをコールしてリレーのようにつないでいく。
5. ナンバーをコールする前は2回手をたたき、「（トントン）1・3」などコールする。そのとき親指を立てた状態の手で右左とコールに合わせて手を広げる。「（トントン）ナンバーコール」のリズムでつないでいく。

効果とねらい

- ナンバーコールを聞き分けて、自分のナンバーをコールしながらコミュニケーションあそびを楽しむ。
- コールとレスポンス。チームでの共同作業の楽しさを体験する。

あそぶときのアドバイス

コールをつなぐことで、人とのやり取りが楽しい！と感じます。楽しいのでまちがえても、失敗しても大丈夫。すぐにそこからコールを再開しましょう。子どもの状態によって数字を覚えにくい場合は配慮をしながら参加を促しましょう。

相手の目を見てコールをする「アイコンタクトコール（アレンジ）」は、難易度が上がりますが、コミュニケーションをとるときに大切な相手の目を見て話すスキルを体験することができます。

あそびをアレンジ

🔖 アイコンタクトコール

ルールは「ナンバーコール」と同じ。相手のナンバーをコールするときに、相手の目を見てコールする。相手としっかりとアイコンタクトを取りながら、つないでいく。

🔖 お気に入りコール

子どもがそれぞれ、2文字か3文字のお気に入りの単語を決める。たとえば「いちご」「パズル」「いぬ」など。それをナンバーの代わりに、それぞれが覚えてコールする。覚えるのが難しい場合は、シールなどに文字を書いて名札のように胸に貼り、相手のお気に入りの単語を確認しながらコールするのもOK。

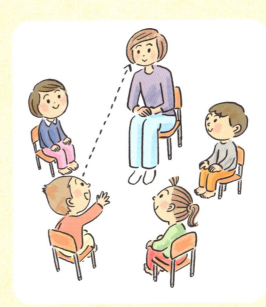

アイコンタクトコール

こんな子におすすめ！ 友だちとやり取りするのが不安な子、言葉で伝えるのが苦手な子

ASOBI 07 ジェスチャーゲーム

うまくできない子の場合は、大人がサポートする

見学してもOK

ジェスチャーする人と当てる人にわかれて向き合う

あそびかた

1. 言葉ではない動作やサインで何かを当てる。

2. ジェスチャーする人、当てる人に分かれて向き合い、テーマに応じてジェスチャーをして当てる。

3. 「ボウリング」「なわとび」「野球」など、比較的ジェスチャーしやすいものから、2人組で表現するようなやや難しいものでもOK。

効果とねらい
● 言葉ではないコミュニケーションを楽しむ。
● 言葉以外でも、人に伝えること、伝わることを体験する。

> うまくジェスチャーできない場合は大人がサポートして、どんな動作をするかなど相談しながら進めましょう。相談することもコミュニケーション力を育むことになります。
>
> 相談して動作を決めることが難しいときは、大人が見本を示してまねしてもらいましょう。

あそぶときのアドバイス

あそびをアレンジ

気分当てゲーム

「プレゼントをもらったとき」「おいしいものを食べたとき」「大切なものをなくしたとき」など、特別な気分になることをいくつかお題としてだす。ひとりにそのなかからひとつのお題を選んで、その気分を表情で表してもらう。当てる人は、そのお題カードからどの気分の表情なのかを選ぶ。

気分当てゲーム

演技当てゲーム

①忘れたことを思いだしたときの「ああ」
②疲れているときの「ああ」
③失敗したときの「ああ」
④何かをやり遂げたときの「ああ」
⑤びっくりしたときの「ああ」

出題する人には上記から選んで、その気分で「ああ」といってもらい、その状況を当てる。

こんな子におすすめ！　ワーキングメモリが弱い子、手助けが求められない子

ASOBI 08 リピートしりとり

前の人がいった言葉をリピートしてつなげていく

いちご、ごりら、らっぱ

いちご、ごりら

いちご

つなぐほど難しくなるので、困ったらまわりに聞く

あそびかた

1. 大人と子ども、合わせて5人くらいでしりとりをする。

2. 1周目は普通のしりとり。2周目は前の人がいった言葉をひとつリピートして、「前の人の言葉」「それに続くしりとり言葉」の2つをいう。
たとえば前の人が「いちご」といったら「いちご・ごりら」とつなぐ。

3. 3周目は2つ前までリピートして3つの言葉をいう。
たとえば前の前の人が「かもめ」といい、前の人が「めだか」といったら、「かもめ・めだか・からす」とつなぐ。

4. できるなら4周目も続ける。もし思いだせなかったり、忘れてしまったときは、「なんていいましたか？」と積極的に聞いて、つないでいく。

- ワーキングメモリを楽しみながら使う。
- 忘れたら人に聞く、困ったら手助けを求める体験をする。

忘れても人に尋ねていいことをあらかじめ伝えることで安心してあそべるでしょう。人に気軽に聞けるということが、あそびのなかで理解されるのも大切です。

あえて人に聞くというスキルを練習するなら、4周目、3つ前まで戻してしりとりすることを多くしてみるとよいでしょう。あらかじめ4周目を3回やったら終わりと決めておきましょう。

あそびをアレンジ

連想リレー

前の言葉から連想できる言葉をつないでいく。たとえば、「いぬ」→「かわいい」→「ぬいぐるみ」→「おもちゃ」とつなぐ。2周目以降も同じルールで行う。

逆リピートしりとり

1周目に普通にしりとりをしたら、2周目は逆回転をする。3周目も逆回転していく。2周目は順番が最後の人からのスタートに、3周目は順番が最初の人に戻ってスタートする。あとのルールは同じ。順番は、1周目はA→B→Cの順。2周目はC→B→Aの順。3周目はA→B→Cの順となる。

連想リレー

こんな子におすすめ！　友だちとやり取りするのが不安な子

ASOBI
09 お名前コールパス

相手の名前を呼んでから投げ渡す

○○さん いくよ

だんだん輪を小さくしていく

名前を呼ばれたら返事をして一歩前にでてうけとる

あそびかた

1. 少し距離をとって5〜10人程度で輪をつくる。
2. 名前を呼んでからボールやぬいぐるみなどを、投げ渡していく。
3. 「○○さん、いくよ」と投げる相手の名前を呼ぶ。名前を呼ばれた人は「はーい」と返事をして相手の方向を見る。投げ渡されたら、一歩前にでる。
4. 次に投げ渡す人の名前をコール、相手が返事をしたら投げ渡し、投げ渡された人は一歩前にでる。
5. 繰り返すことでだんだん輪が小さくなっていき、これ以上小さくなれないところで終わり。

効果とねらい

- 相手に向き合い名前を呼ぶ。呼ばれたほうも相手に向き合い返事をする。返事をしてもらうことの心地よさを体験する。
- 呼んだり呼ばれたりを楽しみながら、協力してゲームを進める。

あそぶときのアドバイス

きれいに輪が縮んでいくように、引っ込んでいる人（パスを受けていない人）を選んでコールするように促しましょう。

そのときの状況を理解しながら次に呼ぶ人を選択します。スムーズに進行させていくことで、場の空気を読むことにつながります。

あそびをアレンジ

お名前コール風船バレー

3人程度で行う。風船をできるだけ落とさずに、バレーをする。風船を打つときに、相手の名前をできるだけやさしく呼びながら、相手に届くように打つ。何回続いたかは、コールしていると数えられないので、数える人を別に1人決めておく。

お名前コールパスリレー

5人くらいのチームを2つつくり、2チームが向かい合うかたちで少し遠くの距離から相手の名前を呼んでボールやぬいぐるみをパスをする。呼ばれた人は返事をして、キャッチしたら、1歩前へでる。パスを投げた人は自分のチームの後ろにまわる。これを交互に繰り返し、お互いに距離が縮まったところで終わりになる。

お名前コール風船バレー

こんな子におすすめ！　手助けが求められない子、言葉で伝えるのが苦手な子

ASOBI 10

お手玉ヘルプミー

- 頭の上にのせてお手玉を運ぶ
- 頭の上のお手玉を落としたら助けを求める
- たすけて
- 助けてもらい、お礼をいう流れを経験する
- 助けに行く人だけ頭の上のお手玉を手にもってもOK

あそびかた

1. 5ｍくらい離れたかごからかごへ、お手玉を移動する。移動するときは、子どもたちは、頭の上にお手玉をのせている。お手玉を落としてしまったら、その場に座り込んで動けなくなる。

2. 動けなくなった人は「たすけてー」とサインをだす。

3. 気がついた人は助けに行く。助けに行く人はそのときだけ、自分の頭の上のお手玉を手に取って落ちないようにしてもよい。相手のお手玉を拾って立たせてあげて、頭にのせてあげる。

4. 助けてもらった人は、再び動きだす。そのとき「ありがとう」とお礼をいう。

5. すべてのお手玉をかごに移し替えるまで続ける。

- 困っているチームメイトを助ける経験ができる。
- 手助けが必要な人は「たすけて」と、手助けを求める。助けてもらったら気持ちよくお礼をいう。

協力しながらゲームをするので、困っていたらチームとして支え合うというあそびになります。必死で運んでいると困っている人に気づかない場合もあるので、助けてほしい人はそれを人に伝えるというスキルを使う練習をします。

「たすけて」といえない子は、手を振る、ポケットの中に入れておいた布を振るなどのあらかじめ決めておいた落ちつく合図をだしてもいいですね。

あそびをアレンジ

ブロックの伝達

ブロックの伝達

2人1組でパーティションを隔てて机に向かい合って座る。ひとりがつくるブロックの構成を言葉で伝えて、もうひとりにつくってもらう。スムーズにつくれればOK。つくり方に迷ったら、「もう一度いって」「わからないから教えて」「これでいいか確認して」など助けを求めながらつくる。

こおり鬼ヘルプミー

こおり鬼であそぶ。鬼にタッチされて氷になった人（動けなくなった人）は「たすけてー」と助けを求める。助けを求められたら、大人がその人にタッチしに行く。タッチしてもらった人は氷が溶けてまた動きだせる。

奪い取ってしまうK君

5歳のK君はADHDの診断をもっています。衝動性が高く、友だちとトラブルになることがありました。たとえば、友だちがあそんでいるおもちゃがほしいと「かして」といいながら、相手の返事をまたずにとってしまいます。まさに奪い取るという行動になってしまうのです。

そこで、友だちにおもちゃを借りるときは、
① 相手に近づく
② 手を体につけておく
③「かして」という
④ 相手の返事を待つ

という4つの行動のプロセスを説明し、絵にして示しました。彼はその絵をじっと見て、うなずきながら「手は体につけておくんだ」といいました。はじめて発見したという様子でした。

その絵をカードにして、まずはロールプレイをしました。実際のおもちゃを借りる場面を大人が相手となり練習しました。しっかりと手を体につけて「かして」といいながら、相手の返事を待つことができました。友だちと仲よくあそびたいという気持ちも強い子でしたので、がんばって練習してくれたのです。

そして、実際のあそびの場面でも、このやり取りを再現することができました。手をしっかり体につけて、相手の返事を待ったのです。友だちも「いいよ」といってかしてくれたので、成功体験につながりました。

その後、彼が「藤原さん、ありがとう。僕は友だちにかしてというときに手を体につけておくということを知りませんでした」といったのです。私たちにとっては当たり前のふるまいも、知らなくてできなかったのです。

このように、ロールプレイを含めたソーシャルスキルの指導法を、ソーシャルスキルトレーニング（SST: Social Skills Training）といいます。コミュニケーションや社会的なスキルを向上させるための学習方法です。

本書はこのトレーニングを「あそび」という視点から紹介しています。

第3章

あそび編

対人関係スキル

他者の感情や反応をあそびのなかで
読み取り、共感力を養うことで、
相手の気持ちを理解する態度を育みます。

こんな子におすすめ！　相手の視点に立てない子、言葉で伝えるのが苦手な子

ASOBI 11

レッツエスコート

見学してもOK

こわくなかったよ
ありがとう

見えない相手のことを考えて、誘導のしかたの工夫をする

ゴールしたらエスコートのよかった点を伝える

あそびかた

1. 2人1組で行う。ひとりがアイマスクをして、もうひとりがその人を誘導してゴールを目指す。

2. 目隠しされた人を、途中の障害物などを回避しつつ、安心してゴールまで誘導するために、「手をつなぐ」「歩く方向を声かけする」「相手のペースに合わせてゆっくり歩く」などの工夫をしながら進んでいく。

3. ゴールしたらエスコートされた子は、エスコートのよかった点を伝える。

4. 交代して、全員がエスコート役を体験する。

効果とねらい

- 相手の視点に立ち、安心して歩けるように配慮しながら誘導して歩く。
- 優しく声をかける、ゆっくり歩くなどエスコートの仕方の工夫を学ぶ。

あそぶときのアドバイス

見えないことの不安に対して、どうしたら安心して歩けるかを考えます。それぞれがエスコートされる体験をするので、体験をもとに工夫をできるように、大人と相談してもよいでしょう。

アイマスクをつけるのが不安な場合は、目をつぶって参加するのもOKです。不安が強い子は、うす目を開けてでも大丈夫。

あそびをアレンジ

スイカ割り

スイカのビーチボール（やわらかいビーチボールなど）と、新聞紙を丸めて棒に見立てて、スイカ割りをする。スイカを割る人と誘導する人を1人決めてわかれて、スイカのある方向に声かけだけで誘導する。

絵の伝達

机に衝立（ついたて）をして、向き合って2人で座る。ひとりは絵を言葉で伝える役（絵はスマイルマークなどわかりやすい単純なものにする）、もうひとりは伝えられた絵を描く役。その後、答え合わせをする。

スイカ割り

こんな子におすすめ！ 相談する・折り合うことが苦手な子

ASOBI 12

役割じゃんけんゲーム

①じゃんけんをする人

じゃんけんぽん

②じゃんけんの結果を進む人に伝達する人

伝えるときは進む人に近づいて伝える

パ・イ・ナ・ツ・プ・ル

③進む人

ゴールをしたら役割を交換しても

あそびかた

1. じゃんけんをして、勝った人がグー（グッド）チョキ（チョコレート）パー（パイナツプル）と進んでゴールを目指すゲーム。これを3人で役割分担してあそぶ。2チーム以上で行う。

2. ①じゃんけんをする人

②じゃんけんの結果を進む人に伝達する人

③進む人

に役割分担する。進む距離は長めにしたほうがチーム戦として楽しい。

3. 役割はそれぞれの希望や、強みを生かして分担することを意識し、チームの中で相談して決める。

- 子ども同士で相談して役割を決めて協力する。
- それぞれの得意なことや、やりたいことを尊重して意見を交換する。

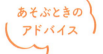

役割決めのときは、大人も適切に仲立ちになって話し合いを進めましょう。相手の意見を聞き、自分の意見も伝えることが必要になります。

また、何度かあそんで全員が交代で役割を体験できるのもよいでしょう。ゆずったり、交替したり、相談しながら折り合うことを体験できるように大人が支援しましょう。

負けて進むぞじゃんけんゲーム

ルールは「役割じゃんけんゲーム」と一緒ですが、じゃんけんに勝って進むのではなく、負けると進めるというルール。「負けるが勝ち」を合言葉に行う。伝達する人は「グーで負けたよ！」と伝える。

サインでじゃんけん

各チームで、グー、チョキ、パーのサインをあらかじめ相談して決め、結果を伝えるときにその言葉ではなくサインを出して、進む人に伝える。サインはたとえば、グーならひざを抱えて丸まる、チョキならジャンプをする、パーなら両手を上げるなど。

負けて進むぞじゃんけんゲーム

こんな子におすすめ！　**友だちとの関わり方が未熟な子**

ASOBI
13 友だちビンゴ

ビンゴ用紙を交換して多くの友だちとやり取りをすることが目的

空いているマスにやり取りした友だちの名前を書く

あそびかた

1. 9マスのビンゴ用紙を用意する。

2. まんなかに自分の名前を書く（文字が書けない場合は、大人が書いた名前のシールを貼る）。

3. 友だちを見つけ、「話しかけていい？」と聞いてからあいさつをして、「よろしくお願いします」と名刺交換のようにビンゴ用紙を交換する。相手に、空いているマス目を選んで名前を書いてもらうか、名前シールを貼ってもらう。

4. 全員のマス目を友だちの名前で埋めたら終わり。そのビンゴ用紙を使って、大人がリーダーとなり、子どもの名前でビンゴをしてあそぶ。

効果とねらい

- 相手の意向を聞いてから話しはじめる体験ができる。
- 自己紹介とあいさつを、いろいろな友だちと交わす。

あそぶときのアドバイス

8人の友だちとあいさつを交わし、コミュニケーションをとることで、人に話しかけるマナーを体験できます。

心地よいやり取りを心がけるように支援しましょう。

話しかけるのが苦手な子には、大人がサポーターになり話しかけるきっかけをつくりましょう。不安が強い子には見学することや参加しませんという選択肢を用意しましょう。

あそびをアレンジ

借りものゲーム

封筒を子どもの人数分用意し、なかに2種類の文字やイラストを描いて入れておく。子どもが封筒を選び、なかに書いてあるものを見て大人に借りに行く。

封筒のなかに描いてあるものは「貸してください」で借りられる場合もあるが、「今使っているので」と断られることもある。その場合はあきらめて、2つ目のものを改めて借りに行く。1つでも借りられたら、ゴールする。

借りものゲーム

質問ビンゴ

8人の友だちに質問しながらビンゴ用紙を埋めていく。ビンゴ用紙のまんなかは自分の名前を書く。質問は「好きな食べ物はなんですか?」などあらかじめ決めておく。聞きながら回答してもらった内容（この場合は食べものの名前）を、質問した本人が好きなマス目に自分で記載し、ビンゴを完成させる。その後、食べ物の名前でビンゴゲームを楽しむ。

こんな子におすすめ！ **相手の視点に立てない子、意見をいうのが難しい子**

ASOBI
14 みんなでピッタリ

「白いもの」という言葉から思い浮かべたものをいい合う

なげることができて
ふわふわしてて
うえをすべることができて
まるめることができて
つめたくて

ゆき

あそびかた

1. 5人程度の少人数で、ヒントに基づいて同じものを想像するあそび。

2. たとえば「白いもの」という言葉から、5人それぞれが思い浮かぶ白いものをぴったりと合わせる。それぞれに合わせるために、ヒントをいい合う。

「なげることができて」「ふわふわしてて」「うえをすべることができて」「まるめることができて」「つめたくて」

など、それぞれの考えていることを同じ方向に寄せていく。

3. 時間を決めてみんなでヒントをだし合い、時間になったら「せーの」で自分が思い浮かべたものを声にだす。
みんなが同じ「雪」といったら正解。「やったー」とばんざいポーズ。
誰かがちがうものを発言していても、「ドンマイ」という言葉に合わせて、2回拍手する。または全員で決めておいたポーズをする。

効果とねらい

- みんなの意見に合わせて、見えない答えを想像することを楽しむ。
- ヒントに合わせ、自分の意見を人の意見とすり合わせる。

あそぶときのアドバイス

自分の意見をいいながら、相手の意見も聞いて調整していく対人関係スキルとしても難しいあそびです。自分の考えていることと違う方向になっても、周囲に合わせてすり合わせる体験ができます。答え合わせのときに答えがそろうと、達成感を得ることもできます。

答えがそろわなくても「ドンマイ」といい合って楽しくあそびが終わるような雰囲気づくりを心がけましょう。

あそびをアレンジ

■ みんなでバラバラ

ヒントに基づいて、5人全員が違うことを思い浮かべるあそび。想像するときにできるだけほかの人が考えないようなマニアックなものを選ぶようにする。時間がきたら順番に思い浮かべたことを発表する。

全員が違うことをいったら「やったー」、ひとつでも言葉が重なったら「ドンマイ」という。

みんなでバラバラ

■ みんなでピタバラ

10人程度の子どもたちであそぶ。大人がだした言葉に基づいて子どもはあるもの（お題）を想像する。全員が考え終えたことを確認して、大人はあるもの（お題）を発表する（「雪」「雲」など）。大人と同じものを思い浮かべた人は、大人にハイタッチをして大人の横に並ぶ。

大人の答え以外のオリジナルのものを思い浮かべた人は、それを発表する。そして拍手をもらう。

こんな子におすすめ！　相手の視点に立てない子、相談する・折り合うことが苦手な子

ASOBI 15

みんなで紙飛行機

3人がそれぞれ片方の手だけを使って紙飛行機を折る

見学してもOK

片方の手しか使えないことで役割分担ができる

紙飛行機は好きな折り方でOK

あそびかた

1. A4サイズの用紙を使い、3人の子どもで一緒に紙飛行機を折る。

2. 使えるのはそれぞれ片方の手のみ。必然的に折る人、折り目をつける人、紙をおさえる人など役割分担をしながら進めることになる。

3. 折り方も相談し、それぞれがあゆみよりながら進める。

4. 折り終わったら代表者を決め、その人が紙飛行機を飛ばす。

効果とねらい

- 役割分担をしてみんなで協力しながら紙飛行機を折ることで達成感を味わう。
- 役割分担、折り方とも相談して進めていくことにより、相手の意見を聞く、折り合う体験をする。

あそぶときのアドバイス

子ども同士で混乱が起きそうな場合は、大人が入って仲立ちをするとよいでしょう。楽しく折ることによって、自然に役割分担をしたり、折り進め方を相談したりするなど対人スキルが育まれます。

3人で紙飛行機を一緒にもって協力して飛ばすのも楽しいです。途中、トラブルがあっても最後に飛ばすことで「楽しかったね！」で終わることができます。

あそびをアレンジ

3つの紙飛行機

紙飛行機を3人で一緒に、それぞれ役割分担をして、片方の手しか使わずに3つ折る。

すべて同じ形でもいいし、別の形を折ってもいい。最後はそれぞれ1機ずつ飛行機を飛ばす。

順番みんなで紙飛行機

紙飛行機を3人で折るのは同じ。一緒に折るのではなく、1工程ずつ順番にリレー方式で折る。両手を使ってOK。

3つの紙飛行機

こんな子におすすめ！　ちくちく言葉が制御できない子

ASOBI 16　魔法の粉で言葉変換

- ちくちく言葉は変換できることを体験させる
- あったか言葉、ちくちく言葉を相談して集める

あそびかた

1. 子どもの人数は自由（意見を全員にいってもらうなら、少人数がよい）。

2. 「あったか言葉」「ちくちく言葉」について説明し、子どもにどんな言葉があったか言葉か、ちくちく言葉かを聞いてそれぞれの言葉を紙に書いて並べる。

3. 「ちくちく言葉」は、変換できることを説明。変換するときのアイテム「魔法の粉」（イメージなので絵などでよい）をだして見せる。

　●あったか言葉とは
　人に対する優しい、気持ちがあたたかくなる言葉。ありがとう、あとで貸すからね、手伝おうか　など。

　●ちくちく言葉とは
　相手が傷ついたり、悲しい気持ちになる言葉。うるさいな、お前なんか嫌い　など。

4. この粉を振りかけると、「ちくちく言葉」が「あったか言葉」に変わることを確認し、でている「ちくちく言葉」にそれを振りかけるまねをして、みんなに「あったか言葉」に変換してもらう。

5. 子どもの意見を尊重しながら、変換することを楽しむ。

効果とねらい

- 「あったか言葉」「ちくちく言葉」を通して、自分の言葉を振り返る。
- 「ちくちく言葉」を変換して「あったか言葉」をいってみようという気持ちを育む。

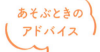

あそぶときのアドバイス

言葉に注目させて、できるだけあたたかい言葉を使おうという意識をもたせたいですね。また「ちくちく言葉」を変換させる楽しいアイテムとして「魔法の粉」を使うことで、ゲーム感覚で言葉は変換できることを体験させましょう。

日常生活のなかでも、ちくちく言葉が聞かれたらこの魔法の粉をもって「変換させよう」と振りかけてみましょう。あそび心たっぷりに生活に活かせたらすばらしいですね。

あそびをアレンジ

☞ あったか言葉を使ってみよう

実際に、おもちゃを借りるとき、断るときの場面を子どもたちに演じてもらう。
〈ちくちく言葉の場面〉
「貸してください」
「やだよ、貸さないよ」
〈あったか言葉の場面〉
「貸して」
「今使っているから終わったらもっていくね」など。そのときの気持ちも、それぞれ発表してもらう。

アドリブあったか言葉

☞ アドリブあったか言葉

友だちが悲しくて泣いている場面を想定し、そのときにかける「あったか言葉」をアドリブで演じてもらう。泣いている友だちは大人が演じる。アドリブがでにくい子には、あらかじめ3つ程度の「あったか言葉」を用意し、言葉を選択して演じてもらう。

こんな子におすすめ！ 友だちとの関わり方が未熟な子

ASOBI 17

笑顔で早口言葉

なまむぎ・なまごめ・なまたまご

早口言葉は、好きなものでOK

聞いていた人は「いいね！」と拍手する

いいね！

あそびかた

1. 子ども3人くらいで、ひとりずつ「ハイチーズ」で、写真を撮るように笑顔をつくってもらう。

2. その笑顔のまま、早口言葉を2回いってもらう。たとえば、「なまむぎ、なまごめ、なまたまご」など。

3. 早口言葉をいい終わったら、聞いていた人は「いいね！」と拍手する。

効果とねらい

- 「いいね！」と拍手をもらい、笑顔は素敵な表情であるということを確認する。
- 表情を意識してつくる体験をする。

人と関わるとき、緊張が強くなってしまうことはよくあります。にっこり笑って接することでその場がなごみます。対人関係スキルとして、笑顔は重要なアイテムになります。あそびのなかで、笑顔がいいねと伝え合いましょう。

リズムにのって早口言葉をいうのも楽しいですし、見ている子どもと早口言葉のコールレスポンスのかけ合いをするのもよいでしょう。

あそぶときのアドバイス

あそびをアレンジ

トリオでハイチーズ

3人で写真を撮るように、鏡に向かう。ハイチーズで笑顔、変顔、全身ポーズなどをする。表情づくりとポーズを楽しむ。本当に写真を撮ってもよい。

笑顔の思い出

家庭から自分が笑顔の写真を持参する。その写真について、どうして笑顔だったのか、写真のエピソードを順番に発表しあう。

トリオでハイチーズ

こんな子におすすめ！ 相手の視点に立てない子、相談する・折り合うことが苦手な子

ASOBI 18

協力ドミノ

ドミノを並べるという集中力が大事

50cm四方の四角のなかにドミノを並べる

最後に大人が四角の合間もドミノでつなげる

あそびかた

1. 床にビニールテープなどで、50ｃｍ四方の四角をつくる。それぞれの四角のなかにスタートとゴールの位置をあらかじめ決めておく。

2. 2人1組でドミノを順に並べていく。並べ方は相談しながら自由に決める。

3. 並べ終わったら最後に四角をつなぐように大人がドミノを並べ、すべてのドミノがつながるようにする。

4. 全部のドミノが完成したら、はじから倒すことを楽しむ。

- 集中して慎重に協力しながらドミノを並べていく。
- 並べる途中でドミノが倒れても「ドンマイ」などと励ましあいながら進めていく。
- 協力して楽しむことと達成感を味わうことがねらい。

最後にドミノが倒れていく様子を見ると、あそびのなかでいろいろあっても「やった」という気持ちになり、最後は「よかったね」で終われます。慎重に丁寧に力を合わせる体験になります。

子どもの集中できる時間を目安にして、10〜20分ほどの制限時間を設定しましょう。子ども同士だとトラブルが予想される子は、大人と組んでもよいでしょう。

あそぶときのアドバイス

あそびをアレンジ

4人でチームドミノ

四角の大きさを倍程度にして、4人で相談しながら順番にドミノを並べていく。もしくは、それぞれ並べたドミノを最後につなげてもよい。

ひとりでチームドミノ

友だちと一緒に並べることが難しい場合は、四角を小さくしてひとりずつ自分の四角のなかにドミノを並べる。

最後にそれらをつなげて、大人が長いドミノを完成させ、倒して楽しむ。個々の作業となるけれど最後にみんなで完成させたという気分を味わえる。

4人でチームドミノ

こんな子におすすめ！　友だちとの関わり方が未熟な子

ASOBI 19　仲間さがし

あそびかた

1. 10人程度の子どもが一列にスタートラインに並ぶ。

2. 途中に、手のひらサイズのカードを伏せておく。そのカードには2つずつ同じ記号（星マークや動物などでもよい）が書いてある。

3. スタートしたら子どもは好きなカードを拾い、そのカードと同じ人を探す。探すときには「星の人いますか？」などと声を掛け合い、探す。

4. 同じ記号の人とペアになったら、必ず「よろしくお願いします」と握手をしてそのまま手をつないで、ゴールする。

- 人に声をかけるときに、優しく丁寧な言葉遣いをすることをあそびながら学ぶ。
- 仲間になるときの心地よいふるまい方や声のかけ方をあそびながら体験する。

あそぶときのアドバイス

なかなか声をだして同じ記号の人を探せない場合も、カードがあるのでそれを示すと仲間を見つけることができるでしょう。

友だちと関わるとき、自然に声をかけるのが難しい子もいます。あそびのなかでそのきっかけづくりを体験します。ペアになった友だちと本書で紹介した「かんたん自己紹介」(p.54)、「おちゃらかほい」(p.102) などのあそびに展開していくのもいいですね。

あそびをアレンジ

大勢で仲間さがし

大きな輪のなかにカードを伏せておく。子どもたちはそのまわりに並ぶ。大人の合図で、カードのなかから好きなものを選んで、同じ絵柄の仲間を探す。

絵柄は3枚から5枚程度同じものをセットしておいて、複数人の仲間を探すようにする。

似た者仲間さがし

似た者仲間さがし

子どもたちは、大人の前にバラバラに立つ。大人が「好きなあそび」などのお題をだす。子どもは「ブロックの人いますか？」など、自分の好きなあそびを声にだし、同じあそびが好きな子どもを探す。

仲間を見つけたら手をつないで座る。仲間が見つからない子は大人と手をつないで座る。

こんな子におすすめ！ 友だちに関心がうすい子

ASOBI 20 だーれだ？クイズ

ひとりの子どもの特徴を具体的に挙げる

どの子のことかわかったら手を挙げる

ブロックがとくいで、カレーライスがすきで、いもうとが2人いる人！

わかった！

あそびかた

1. 5人程度の子どもであそぶ。大人が5人の前に立ち、子どものなかのひとりの特徴をいう。

2. 「ブロックが得意」「カレーライスが大好き」「妹が2人いる」など具体的なものにする。

3. 子どもは、どの子のことかわかったら手を挙げて答える。

4. 当てられた子どもは、当てた人に「僕（私）のことを理解してくれてありがとう」と伝える。

効果とねらい

- 友だちのことを知り、自分のことも知ってもらうことで親しみを感じることができる。
- 自分を理解してもらうことの安心感を得られる。人との違いについても理解し、相手を尊重する気持ちを育む。

みんなが知らないヒントなどを用意すると、「そんな一面もあるのか」とその子に関心を示すきっかけになるでしょう。あらかじめ、子どもについてリサーチしておくことが大切です。

「だーれだ」を当てた後に、当てられた子に対して先生や他の子が追加の質問をするのもよいですね。大人があらかじめ質問を用意しておいても友だちから自由に質問をしてもらってもOK。さらにその子のことを理解することにつながるでしょう。

あそぶときのアドバイス

あそびをアレンジ

この声は誰の声？

ひとりの子どもに衝立の向こうで、「こんにちは、よろしくお願いします」とセリフをいってもらう。声だけで、誰が話しているのかあててもらう。

この手は誰の手？

アイマスクや目かくしをつけた子の前にひとりの子どもを連れていき、握手したり、腕に触ったりして、誰の手かを当ててもらう。難しい場合は、大人がヒントをいくつかだす。

この手は誰の手？

正解のない育児

　いつも、夜寝る前にヨーグルトを食べるというこだわりのある5歳のL君。でも、その日は、ヨーグルトを食べずに、お風呂上がりに寝てしまいました。お母さんはそのままベッドに運ぼうとしましたが、そのときに起きてしまったのです。

　眠くて機嫌が悪いけど「ヨーグルト食べる！」といいだします。お母さんは、彼のこだわりをわかっているため、ヨーグルトを出しました。でも、気持ちの調整がもちろんきかず、なんでも文句をいいだします。「このヨーグルトじゃない！」。違うヨーグルトを出せば、お母さんがフタを開けたことが気にいらず「自分で開けたかった」。スプーンを出したら、「それじゃない」。違うものに交換したら、「それでもない」というように、何をしても切り替えられません。

　お母さんは、怒りだしそうになりながらも、ここで叱っちゃいけないと思い、お父さんと交代しました。お父さんでも同じようにぐずり、優しいお父さんも最後には「もう、いい加減にしろ！」と怒りだしてしまったのです。L君は大好きなお父さんにそういわれて、さらに大泣きになってしまって……。お母さんは、彼の様子を見ていて、心からつらいのだろうなと思ったそうです。

　お母さんはどうしたらいいか正解はわからないけれど、とにかく「見捨てない」と思ったそうです。そして泣きじゃくるL君のそばで声をかけたかったけれど、そうするとワーっとなるだろうと思い、ただただ何もいわず見守ったそうです。長い時間に感じたそうですが、最後は、泣き疲れて寝てしまいました。

　私はその話を聞いて、お母さんに「本当は自分でも、『ああ、やっちゃったなあ』と後悔しているんだと思うんだよね」と伝えると、お母さんは「そうなんです。次の日、朝起きてきたらまっ先に私のところに来て、『ママ昨日はごめんなさい』っていったんです」と教えてくれました。

　そして2人でうれしい気持ちになりました。お母さんがつらい状況のなか、「あなたも苦しいんだから、私もただただ横にいるのは苦しいけど、一緒に苦しむよ」と、子どもに寄り添えたことを本当にすばらしいと思いました。

　こうしたつながりは、必ず子どもに通じると思います。この、お母さんが子どものつらさを分かち合う体験はL君の力になったのだろうと思いました。なぜなら、そのことがあってからの2週間は、困った行動をほとんど起こさなかったからです。

　セルフレギュレーションは、子どもにとってはとっても難しいことなのです。そのことを大人が理解し、支えていく覚悟が必要ですね。

第4章

あそび編

セルフレギュレーション

自分の行動や気持ちを調整する
あそびのなかで、自身の調整ができるようになり、
自分を知ることができます。

| こんな子におすすめ！ | 気持ちや行動の切り替えが苦手な子 |

ASOBI 21 あとだしじゃんけん

あそびかた

1. 子どもと大人が向かい合って座る。1対1でも、1対複数人でも、多数でもできる。
2. 「じゃんけんぽん」のコールで、まず大人がじゃんけんをだす。
3. 子どもはそのだす手を見て、それに勝つじゃんけんを考え、大人の「はい」のコールに合わせてだす。
4. だす手を変えながら、繰り返し「あとだし」で、勝つじゃんけんをだしてあそぶ。
5. 子どもの考える時間を配慮しながら、「はい」とコールするタイミングを早めたり、ゆっくりしたりする。

- 相手のだす手を見て、それに応じて柔軟に考え、切り替える力を育む。
- 「はい」のタイミングを待って、コールに合わせて手を出す行動をコントロールする。

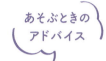

あそぶときのアドバイス

思考の柔軟性が未熟で、切り替えの難しさが軽減されることが期待できます。勝つのが難しい場合は、アレンジの「あとだし『あいこ』じゃんけん」から始めるとよいでしょう。

また、切り替えにくい場合は、アレンジの「あとだし『負け』じゃんけん」のように3秒考える時間をつくるというのもおすすめです。

あそびをアレンジ

☞ あとだし「あいこ」じゃんけん

ルールは「あとだしじゃんけん」と同じ。あとだしの手があいこになるようにする。

☞ あとだし「負け」じゃんけん

あとだしの手を負けにする。負けるのは、気持ちの切り替えが難しいので「じゃんけんぽん」と手をだしたあとに大人は「3・2・1・はい」と3秒コールし、子どもに考える時間をつくる。

子どもは「はい」のタイミングで考えてから負けの手をだす。3秒では難しい場合、さらに時間を長くしてみるとよい。

あとだし「負け」じゃんけん

こんな子におすすめ！ 行動の調整が難しい子、集中できない子

ASOBI
22 コロコロウォッチ

> 子どもは机から1～2m離れたところに座り、何色のボールか当てる

> 答える子どもに帽子をかぶせて誰が回答者かわかりやすくする

あそびかた

1. 衝立を2つ用意し、その間に机をおく。
2. 子どもは机に向かって1～2mくらい距離をとって座る。
3. 片側の衝立からカラーボールを、もう片方の衝立に向かって転がす。
4. 子どもは転がってきたボールを見て何色か当てる。
5. 複数人で実施する場合は、答える人を順番にして、順番を待つ練習もする。
6. 順番がわかりやすいように、答える子を視覚的に表示する（ネームプレートをつけたり、帽子をかぶせるなど）のもよい。

効果とねらい

- 目的のものを集中して見ることができる。
- 衝動性を調整して順番を待ち、大人の指示に応じて答えることができる。

いつ衝立からボールが出てくるかわからないので、集中して待つことが期待できます。集中力が続かない場合は、転がす前に「いくよ」など合図をしてもよいでしょう。

答えたい衝動を調整する必要があるので、明らかに順番がわかるような視覚的手がかりなどを活用してみましょう。答える子に帽子をかぶせるなどすると、わかりやすくなります。もちろん難しい場合は順番を設ける必要はありません。

あそぶときのアドバイス

あそびをアレンジ

フライングウォッチ

ルールは「コロコロウォッチ」と同じ。机の上を転がすのではなく、衝立の間からものを飛ばす。たとえば、バナナのミニチュアや帽子、コップなど。子どもは飛んでくるものを見て、それがなにかを当てる。

2つをウォッチ

コロコロと転がす場合も飛ばす場合も2個、もしくはそれ以上の数にして当ててもらう。同時に転がしたり、飛ばしたりする。難しい場合は、飛ばすときに時間差をつけてみる。

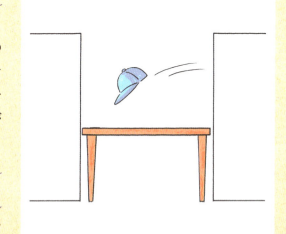

フライングウォッチ

こんな子におすすめ！　イライラが高じやすい子、気持ちの調整が難しい子

ASOBI 23

あんしんボックスをつくろう

子どもの好きなものを入れる

悲しいとき、イライラしたときなどに使う

あそびかた

1. 箱を用意して、そのなかに6個くらい子どもの好きなものを入れる。おもちゃでも、お気に入りのグッズでもよい（子どもと相談して決められればさらによい）。

2. 「あんしんボックス」と名付け、自分が悲しくなったり、イライラしたり、怒りだしそうなときに、このなかから好きなものを使っていいよと伝える。

3. どんなときに悲しくなったり、イライラしたり、怒りだしそうになるか、それぞれ考えてもらう。

4. その場面を絵にしたり、文字に書いたりして箱に張っておく。

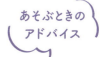

- 悲しくなる、イライラする、怒りだすなど、自分のネガティブな感情に気づく。
- 安心アイテムを使ってネガティブな感情を調整する（元に戻す）力を育む。

「怒ってもいいよ〜」という大人のスタンスが大事です。そのネガティブな気持ちは、そのままで、早く気持ちを戻すことが「お得」だということを伝えましょう。そのためにリラックスできるものを積極的に使うというスキルになります。

大人が選んでもよいのですが、子どもと相談して子ども主体でアイテムを集められるとさらによいですね。実際にネガティブな気持ちになったときに使ってみるところまで丁寧に支援してください。実際の箱や袋に入れなくてもボックス自体を絵や文字で書きだして想像するのもよいでしょう。

あそびをアレンジ

あんしんバッグ

箱はいつももち歩けないので、安心できるもち歩きグッズを考える。キーホルダーや小さなおもちゃ、いい匂いのするもの、握って安心するものなど。それを小さな袋に入れて用意する。

家族のあんしんボックス

自分の家族のあんしんボックスも考える。お母さん、お父さん、兄弟姉妹など。どんなときに使えそうか？　また、どんなものをプレゼントしたらリラックスできて喜んでもらえそうかを考える。絵に描いたり文字にしたりして家族にプレゼントする。

あんしんバッグ

| こんな子におすすめ！ | 行動の調整が難しい子、集中できない子 |

ASOBI 24 こっちむいてホイ

> こっちむいてホイ

「あっちむいてホイ」とは逆に、相手が指をさした方向を見る

じゃんけんをして勝った人が上下左右いずれかを指す

あそびかた

1. じゃんけんをして勝った人が、「こっちむいてホイ」といいながら、上下左右いずれかを指さす。

2. 負けた人は、相手が指さしたほうを見る（あっちむいてホイは、相手が指していない方向を見ようとするあそびだが、このあそびは指した方向を見る）。

3. 指さされたのと同じ方向を向くほうが簡単なので、安心して楽しめる。

効果とねらい
- 相手に合わせて、指示された方向に注目する。
- 「こっちむいてホイ」のタイミングに合わせて行動を調整しながら楽しむ。

あそぶときのアドバイス

相手が指さしたのと同じほうを向くので、簡単でリズミカルに楽しくあそべます。勝ち負けのないゲームというのも安心ですね。

できるだけ顔を動かさずに目(眼球)だけを調整し、指の方向を見るほうがよいので、子どもができそうならそのように促してみましょう。行動調整力、集中力もしっかり育まれます。

あそびをアレンジ

こっちむいてホイ・ホイ・ホイ

ルールは「こっちむいてホイ」と同じ。じゃんけんで勝った人は「こっちむいてホイ」の「ホイ」を3回いう。その「ホイ」というたびに右、下、左というように3か所を指さす。

3回ホイが終わったあとで、じゃんけんで負けた人は指さされた3方向を、「ホイ・ホイ・ホイ」とコールしながらそれぞれ見る。

こっちむいてホーイホイ

こっちむいてホーイホイ

勝った人は「こっちむいてホーイホイ」といいながら、相手の顔のまわりで指を大きく回転させる。その指の回転に合わせて、負けたほうは「ホーイホイ」と答えながら、指の回転を追うように視線を動かす。

こんな子におすすめ！　気持ちや行動の切り替えが苦手な子

ASOBI 25　おちゃらかほい

リズムに合わせてじゃんけんをする

勝ったらばんざい。負けたらおじぎをする

瞬時に勝ち負けを判断する

おちゃらか・おちゃらか
おちゃらか・ほい

おちゃらか
負けたよ

おちゃらか
勝ったよ

あそびかた

1. 「おちゃらか・おちゃらか・おちゃらか・ほい」と歌いながら向かい合った2人が、自分の手をたたいてリズムをとりながら「ほい」でじゃんけんをする。

2. 勝ったほうは「おちゃらか・勝ったよ」と歌いながら、「勝ったよ」の部分でばんざいのポーズをする。負けたほうは「おちゃらか・負けたよ」と歌いながら、「負けたよ」のところでおじぎをする。

3. 瞬時に勝ち負けを判断しポーズを変えて、あそび続ける。

4. あいこの場合は「おちゃらか・あいこで」と歌いながら「あいこで」のところで、2人とも両手を腰にあてるポーズをする。

効果とねらい

- リズムに合わせ、相手とタイミングを合わせ、じゃんけんを楽しむ。
- 気持ちや行動を勝ち負けにより切り替えながら、集中してあそぶ。

あそぶときのアドバイス

スムーズにあそぶために、ゆっくりめのテンポから始めてもよいですね。お互い違うポーズをすることで、楽しくもあり、相手につられないように気持ちや行動を切り替えていく力が育めます。

昔からあそばれてきた「おちゃらかほい」ですが、どのくらいのテンポにするかを考える、テンポをお互いに合わせる、勝ち負けをすばやく判断して適切なポーズをとる、行動を切り替えつつ集中して楽しむなど、さまざまなソーシャルスキルの育ちが期待できるあそびなのです。

あそびをアレンジ

全身おちゃらかほい

「おちゃらか」と歌っているときは手をたたきながらその場でジャンプ、「ほい」でじゃんけんをする。

勝ったポーズは両手両足を開いて大の字。負けたポーズは頭を抱えておじぎ。あいこのポーズは2人でハイタッチをする。

全身おちゃらかほい

みんなでおちゃらかほい

ランダムに子どもが立った状態から「おちゃらか・おちゃらか・おちゃらか」と歌いながら歩いて、自分とじゃんけんをする人を見つける。いいタイミングで大人がリードをとって「おちゃらか・ほい」とじゃんけんを促すように声をかける。

そのタイミングでじゃんけんをしてそれぞれが「勝ち」「負け」「あいこ」のポーズをする。続けて、「おちゃらか」と歌いながら歩き、次の相手を探してじゃんけんをする。

| こんな子におすすめ！ | 失敗に弱い子、気持ちや行動の切り替えが苦手な子 |

ASOBI 26　あんしん言葉リレー

まわりは応援する気持ちで優しくコールをする

レモンといえば？

うーん

レモンといえば？

あそびかた

1. **言葉のリレーをする**→「レモンといえば」→「黄色」→「黄色といえば」→「キリン」というように、関連する言葉をつないでリレー形式であそぶ。

2. 「レモンといえば」で答えがでずにつまってしまったら、そこでアウトではなくまわりの人が「レモンといえば」「レモンといえば」と答えがでるまで、繰り返しコールをしてあげる。

3. コールしているときは答えを探している人を応援する気持ちで、優しくコールすることを伝えておく。

4. 子どもは、失敗してもまわりが応援してくれることを感じ、あたたかい気持ちであそぶことができる。

効果とねらい

- 言葉からイメージをふくらませて次の言葉をさがす。
- 「失敗しても大丈夫」という安心感と気持ちの切り替えをあそびで体験する。

あそぶときのアドバイス

リズムに合わせて言葉をリレーするけれど、リズムが乱れても、言葉に詰まっても大丈夫、失敗も楽しいという体験ができるあそびです。失敗するのが嫌というタイプの子でも、「失敗してもいいんだ」という気持ちになれます。

周囲の子も言葉を繰り返すことで、失敗した子を応援する気持ちによりそえるでしょう。支え合う仲間たちというつながりも感じ合えるあそびです。

あそびをアレンジ

☞ つながり○○

「食べもの」「あそび」など、カテゴリーが一緒のものを選んで言葉をつないでいく。たとえば、「あそび」→「あそびといえば」→「ぬり絵」→「ぬり絵といえば」→「パズル」→「パズルといえば」→「かけっこ」……と、関連はなくてもあそびをつなげていく。

☞ 言葉しりとり

言葉をしりとりでつないでいく。「りんごの次はごりら」「ごりらの次はラッパ」などリズムよく続けていく。

つながり○○

こんな子におすすめ！ イライラが高じやすい子、気持ちや行動の切り替えが苦手な子

ASOBI 27 ポーズで決めよう

自分の苦手な場面で気持ちを立て直すポーズを考える

かたづけビーム！

負けても平気ポーズ！

「ポーズ」と「ポーズをとるときの言葉」をセットにする

あそびかた

1. 自分の苦手な場面「かたづけ」「切り替え」「負けたとき」などを考えてもらう。

2. その場面で、気持ちを立て直すためのポーズを考える。自分が変身できる「変身ポーズ」を考えてもらう。

3. 決めたポーズを「かたづけビーム！」「負けても平気ポーズ！」など、ポーズをとるときの言葉も決めて、それぞれ披露する。

4. ポーズや言葉がおまじないの役割をすることを、みんなで確認する。

5. 実際の場面でも使ってみる。

効果とねらい

- 自分を理解し、苦手な場面をあそび心で切り替える方法を考える。
- かっこいいポーズ、おもしろいポーズなどを考えることで苦手意識が軽減する。

あそぶときのアドバイス

「やる気」より「その気」が大切です。「正しいからやらなくちゃ」は子どもにとっては窮屈で、やりたい気持ちになりません。

決めポーズを使ってあそび心を発動し、ふだんは苦手だと感じる場面でも「楽しそうだから思わずやっちゃった」という状況をつくりたいですね。実際の場面でも使えるように大人が上手にサポートしてください。

あそびをアレンジ

なりきりポーズで変身

ポーズだけではなく、好きなキャラクターを考え、自分がそのキャラクターになりきることで苦手な場面を切り抜けるイメージをもつ。たとえば「かたづけザウルス」「切り替えプリンセス」など。

友だちポーズを決めよう

友だちが考えたキャラクターや、そのポーズで自分も使えそうなものを選んで、「発表しあう」。自分を知ることと、人のアイデアを聞く（アドバイスをもらう）ことで、使えるスキルを増やす。

なりきりポーズで変身

こんな子におすすめ！　集中できない子、行動の調整が難しい子

ASOBI
28 ティッシュつかみ

落ちてくるティッシュをつかむアイテムを事前に選ぶ

手　トング　おはし

乗る椅子は、安定感のあるものにする

あそびかた

1. 大人が椅子の上などに乗り、高いところからティッシュを1枚、ふわりと飛ばす。
2. 子どもはその下でゆっくり落ちてくるティッシュをつかむ。なにでつかむかは、「手」「トング」「おはし」のなかからあらかじめ選んでおく。
3. つかんだティッシュは下に落として、次に落ちてくるティッシュをまたつかむ。
4. 大人は、子どものタイミングに合わせて、次々と飛ばしていく。

効果とねらい

- しっかりとティッシュを見て、それに合わせて体を動かす。
- つかんだティッシュを下に落としたら、すばやく切り替えて再度ティッシュに集中する。

あそぶときのアドバイス

ティッシュはゆっくり落ちてくるので、慌てずに、楽しく行動の切り替えが図れます。ティッシュの動きはイレギュラーなので、それに自分の行動を合わせていくことで、行動の調整も図れます。

大人は子どもがしっかり見ていることを確認してティッシュを落とすタイミングをゆっくりにし、やや待たせてみるのもいいですね。楽しいあそびのなかで、落ちてくるのを期待しつつ「待つ」練習になります。

あそびをアレンジ

飛ばしてティッシュつかみ

上を向いて、口の上にティッシュをのせる。「ふっ」と力強く吹いてティッシュを飛ばし、落ちてきたティッシュを自分で取る。10回数えながら、吹いては取るを繰り返す。1人でも複数でもできる。

ティッシュボールキャッチ

ティッシュを2枚丸めてボールをつくる。そのボールでキャッチボールをする。やわらかいので怖がらずにできる。キャッチボールなので2人でも、偶数の人数でもできる。

飛ばしてティッシュつかみ

こんな子におすすめ！　集中できない子、衝動性が強い子

ASOBI
29 まちがいさがし

あそびかた

1. 衝立と変装グッズ（めがね、帽子など身につけるもの）を用意する。
2. まずは変装前の大人の様子を、座っている子どもたちに見てもらう。
3. その後、衝立の後ろで変装する。めがねをかける、帽子をかぶる、バッグをもつなど3か所くらいの変装がよい。
4. 変装した状態で、子どもの前に再び登場し、前と変わったところを当ててもらう。わかったら手を挙げて指されてから答える。

変装前の姿を見せてから衝立の後ろで変装する

わかりやすい3箇所くらいの変装にする

効果とねらい

- 集中して見る体験。見比べてまちがいをさがす。
- 手を挙げて指されてから答える行動を身につける。

あそぶときのアドバイス

集中力と衝動性の調整を育めます。

大人の変装がおもしろいので、楽しく答えることができます。特に身近な大人の変身に子どもたちは大喜びになります。楽しくあそびを進行するために、順番に答える、しっかり見てまちがいを探すなど、集中力や衝動性の調整が図りやすくなります。

衝動的に答えてしまう場合は、視覚的手がかりを提示しておくとよいでしょう。事前に答える順番を決めておきましょう。

あそびをアレンジ

画用紙まちがいさがし

1枚のA4画用紙に4種類の絵が描いてあり、それを10秒見てもらってから、2枚目の画用紙をだす。2枚目の画用紙は、1枚目からひとつだけ絵の種類を変えておき、その違いを当てる。

文字さがし

新聞など文字がたくさん書いてあるアイテムを用意し、そのなかから「あ」や「お」などの文字をできるだけ多く探す。その文字をペンなどで囲んでおき、最後に見つけた数を競う。個人でも、チームでもできる。

画用紙まちがいさがし

こんな子におすすめ！　不安が強い子、気持ちや行動の調整が苦手な子

ASOBI
30 セルフマッサージ

まずは大人が見本を見せる

歌に合わせて気持ちがリラックスできるようなマッサージにする

あそびかた

1. 「ぞうさん」の歌に合わせて、自分の肘から手首まで、反対の手で包むように強めにさする。まずは大人が見本を見せる。

2. 歌に合わせて、手を途中で交代して、右手左手ともマッサージをする。

3. 同じように、歌いながら右手のひらを反対の親指で押しながらマッサージをする。

4. 反対の手も交代して行う。

効果とねらい

- 気持ちを落ち着けるスキルとして活用できるマッサージを体験する。
- 自身でできるマッサージを日常のなかでも使ってリラックスに活かす。

歌はなんでもいいので、マッサージに合うような歌を選んでください。子どもたちに選んでもらうのも楽しいです。とにかくリラックスできることが大切です。

子どもになじみ深い童謡がおすすめです。「どんぐりころころ」「うさぎとかめ」ならリズムに合わせてギュッギュッと強めに腕をにぎる、軽くタッピングするなどマッサージの仕方も工夫してみてください。

あそぶときのアドバイス

あそびをアレンジ

2人でマッサージ

マッサージの仕方は同じ。2人1組で、マッサージをする人と、受ける人で交代して体験する。相手に痛くないか聞きながら行なう。

アロマでマッサージ

ホホバオイル（適量）に好きなアロマオイルを1滴たらして、香りや感触も楽しみながらセルフ、もしくは2人でマッサージする。オイルやアロマは必ず大人が扱い、保管方法や使用上の注意に留意する。

2人でマッサージ

無理にがんばりすぎなくていい（前編）

失敗に弱いタイプの6歳のM君。みんなの前で失敗するのが怖くて、行事に出ることができず、集団活動も不安で参加できない状況でした。

お父さんはそれを心配して、「お前は心が弱いからだ、心を強くしろ」とおっしゃったそうです。M君はお父さんのことが大好きなので、いわれた通り心を強くしようと決心して、集団活動は必ず参加すると決めました。

私が園に巡回に行った際も、鍵盤ハーモニカの集団活動をしていました。彼は鍵盤ハーモニカの音が苦手なのですが、片耳を押さえてつらそうな顔をしながら鍵盤をふいていました。無理をしているので、チック症状が出てしまっていました。

私はその姿を見て、気持ちを安定させる「あんしんボックス（98ページ）」を想像してみることを彼に教えてあげようと、練習の後、M君とお話しをさせてもらいました。

藤原「M君は人に褒められることが好きかな？」
M君「好き」
藤原「どんなときに褒められるのが好きなの」
M君「みんなの前でちゃんとできたとき」

それが彼の希望だったし、まだできてないけどそうなりたいと思っていました。

藤原「そうか、みんなの前でちゃんとできたときなんだね。私はね、みんなの前でちゃんとしようと思うと、怖くて体が固まるんだ。声も出なくなっちゃって、代わりに涙が出てきちゃうんだ。すごく怖いんだ」
M君（驚いた顔で）「先生もなの？」
藤原「そうだよ、先生もなんだ。え、君もなの？」
M君「うん」
藤原「これって結構つらいよね」
M君「先生、それは心が弱いからだよ。心を強くしな。強くするとなんでもできるって僕のパパはいったよ」

藤原「そうだね、そういう考え方もあるね。でも私は心を強くする自信がない。強くなくてもいいかなと思っちゃうんだよね。だから怖いな、固まっちゃうな、心配だなって思ったときはいつも、チョコを食べちゃうんだ。そうするとすごく安心なんだ」
M君（さらに驚いた顔で）「食べていいの？」
藤原「食べていいんだよ。だって、チョコを食べると体が固まらないよ。声も出るし、涙も出ない。だからM君も安心したかったら何か食べていいんだよ。安心したいときに何食べる？」
M君「アイスかな」
藤原「アイスってなんかひんやりして確かに気持ちが落ち着くよね。私のチョコはあんしんボックスっていう箱の中に入っているって想像しているんだよ。あんしんボックスに入れておいて怖いな、不安だなと思ったらそこから出してきて食べるイメージなんだ。ほかにも、触ったり、あそんだりすると落ち着くものが入っているの。君もつくったら、あんしんボックス。安心したいときには何を使いたい？」
M君「ミニカーとスクイーズと……」

※136ページに続く

第5章

あそび編

集団行動スキル

2人から少人数でのあそびから、
周囲に合わせて協力することを学びます。
あそぶ際の人数や構成を調整して行いましょう。

こんな子におすすめ！　順番が守れない子、集団行動に不安を感じる子

ASOBI 31　2人でパズル

2人で交代しながら1ピースずつはめていく

子どもの興味のあるパズルだとより楽しめる

あそびかた

1. 2人で行う。ピースは完成しやすい少なめのものにする。

2. パズルは子どもたちの興味や、力に応じたものを選択し、2人で交代しながら1ピースずつはめていく。

3. 子ども同士だと交代がうまくいかないようなら、子どもと大人で組んでもよい。

- 2人で交代しながら活動に取り組む。
- 2人で協力して取り組むことを楽しむ。
- 2人なら安心して取り組める。

パズル1ピースをはめるだけなら待ち時間が短く、また好きなパズルなので、交代のスキルが獲得しやすいでしょう。また相手がピースをはめるのを見て楽しめるので、待ち時間も苦になりません。それでも交代するのが難しい場合は大人と組んでみましょう。

子どもの理解度に合わせてピースの数は調整しましょう。

あそびをアレンジ

時間で協力パズル

時間で協力パズル

2人から5人程度で、交代でパズルを行う。時間制限を設けて、時間までに完成させる。時間は無理のない設定を検討する。時間までに完成したら全員で「イエーイ」とハイタッチをする。人数が多いので、パズルのピースは多いものにする。

みんなでハラハラゲーム

くじをつくる。内容は、「はずれ」「ばくだんの絵」「セーフ」「おめでとう」「クラッカーの絵」など、当たりと外れを用意する。子どもがくじを引き、「はずれ」「ばくだん」がでたときは、「アウトー！」といって、ジャンプをする。

こんな子におすすめ！　落ち着いて集団行動をするのが苦手な子

ASOBI
32 サイレントフルーツバスケット

カードが見える位置に座る

声をださない楽しさを経験する

鬼は声はださずに絵カードを掲げる

あそびかた

1. フルーツバスケットのルールだが、鬼は言葉で指令をださず、絵カードを掲げる方法でフルーツのグループを伝える。フルーツは3種類くらいにする。3つのフルーツが書いてある「フルーツバスケット（全員が席を変わる）」のカードも用意し、鬼は好きなカードを選択し、子どもたちに見えるように掲げる。

2. 掲げたカードが見えやすいように、鬼に向き合いコの字に子どもたちは座る。

3. 鬼が掲げたカードに書いてあるフルーツのグループの子どもが、席を移動する。

4. 座れなかった人が鬼になるというルールもよいが、わざと座らないということが頻繁に起こるようなら、鬼は順番に交代するように設定する。

効果とねらい

- 集中してカードを見る。指示に応じて集団ですばやく動く。
- 声をだしたい衝動性を調整して、声をださない楽しさも経験する。

あそぶときのアドバイス

鬼に集中してすばやく動くこと、ルールを理解し順守することが、楽しく体験できます。静かな環境が心地よく感じることもできるでしょう。

声をだすと興奮しやすいので静かな集団ゲームで気持ちや行動を調整しながら進行していきます。声をださないルールが楽しさを倍増させてくれます。

あそびをアレンジ

🗨 サイレントあんたがたどこさ

ボールはつかず、「あんたがたどこさ」を歌いながら、「さ」の部分であらかじめ決めたポーズをとる。ポーズはばんざいなどなんでもOK。

ただ床にふせるだけのポーズなら1歳からでもできる。

「サイレントあんたがたどこさ」になると「さ」のところは無言でポーズだけをとる。全員でポーズが決まると楽しい。

サイレントあんたがたどこさ

🗨 サイレント「アイアイ」

「アイアイ」の歌に合わせ2人1組で向き合いあそぶ。最初の「アイアイ」の部分は両手をたたき、2回目の「アイアイ」はお互いの両手を合わせる。つづいて歌に合わせ、手をグーにして上げ下げし、さるのポーズをする。2回目からは歌わずにポーズだけで進行する。

こんな子におすすめ！ 負けを受け入れるのが難しい子、切り替えが苦手な子

ASOBI
33 坊主めくり

殿、姫、坊主を引いたときのルールについてあらかじめ説明をしておく

4〜5人で順に絵札を引いていく

絵が見えないようにふせて重ねる

あそびかた

1. 百人一首の絵札を絵が見えないように重ねておく。

2. 4〜5人で順に絵札を順番に引いていく。

3. 「殿」はそのまま自分の絵札としてとる。「坊主」がでたら、今までためていた「殿」の絵札をまん中に差しだす。「姫」がでたら、まん中に差しだされている絵札を自分のものにできる。

4. これを繰り返し、最後に絵札が一番多い人が勝ちとなる。

- ルールを守ることで楽しくあそべる体験をする。
- 集めた札がなくなっても、気持ちを調整しあそび続けることができる。

絵札によっては予測できない展開になるので、思考の柔軟性が働かないとイライラすることもあります。

それを踏まえたうえで、ルールを理解して守ることで、集団ゲームを体験、楽しめることを目指します。イライラしてもOK。そのときは気分を変える支援も大人が用意しておきましょう（p.98、p.106参照）。

あそびをアレンジ

ドンマイ坊主めくり

「坊主」がでたときは、全員で「ドンマイ、チャチャチャ」と3回いう。チャチャチャのところではみんなで手をたたく。

コールすることを楽しめれば、「坊主」がでた残念な気持ちを立て直しやすい。

走れ坊主めくり

「坊主」がでたときは、その人がゲームをしている机のまわりを1周まわる。そのことで気持ちの切り替えを図りながら楽しむ。

ドンマイ坊主めくり

こんな子におすすめ！ 落ち着いて集団行動をするのが苦手な子

ASOBI
34 みんなでターン

大人がくぐるときには、大きく手をあげるなど工夫をする

大人が手つなぎの輪をくぐり、輪がひっくり返るようにする

くぐる人に目印として帽子をかぶせても

あそびかた

1. 5〜6人くらいの大人と子どもで手をつなぎ、輪になる（大人は2人くらい）。

2. 「1・2・3」で、大人がその輪を崩すように、対面にいる人のつないだ手の下をくぐり、そのあとに手をつないでいる子どもたちが続く。

3. 最後は輪が裏返しになるように回転する。「なべなべそこぬけ」の大人数バージョンのようなイメージ。

4. 次に「1・2・3」で、後ろ向きに移動し、対面の人のつないだ手の下をくぐり、元の輪の向きに戻る。

- 手を離さずに全体の行動に合わせて、輪をターンさせる。
- くぐるスピードを調整し、隣の人とタイミングを合わせて楽しむ。

周囲の行動のペースと合わせながら、体を調整して行動することが求められます。全員が協力することで、輪が再形成される楽しさを味わえます。

慣れてきたら最初にくぐるリーダー役を子どもに任せてみましょう。リーダーはわかりやすいように帽子などをかぶってもらうとよいでしょう。

あそびをアレンジ

順番みんなでターン

並んでいる順にリーダーを変える。すべての子どもが最初に輪を裏返すために誘導するリーダー役を経験しながらターンをしていく。

繰り返しターン

2人1組で、「1、2の3」でターンをする。このターンを何回するかを相談して決めて、決めた回数をターンしてあそぶ。2人で無理のない回数を相談することがポイント。

順番みんなでターン

こんな子におすすめ！ 順番が守れない子、落ち着いて集団行動をするのが苦手な子

ASOBI 35 バケツでキャッチ

苦手な子は見学もOK

順番がきたらすぐに球をキャッチできるように両手でバケツをもつ

キャッチしたら後ろに並ぶ

1mくらい離れる

あそびかた

1. 子どもは小さなバケツを手にして、1列に並ぶ。

2. 大人は、その子どもたちの正面に1mくらい離れた距離に立つ。

3. 大人は玉入れの球を、子どものバケツに向けてひとつずつ投げる。

4. 子どもはバケツでその球をキャッチし、キャッチしたら列の一番後ろに並ぶ。2番目の人が前にでて、次に大人の球をキャッチする。

5. これを繰り返し、大人がもっているすべての球を協力しそれぞれのバケツに集める。

- 待つこと、集中して球を受けること、その後並びなおすことなど一連の行動をスムーズに行う。
- スピード感や、みんなと一緒にボールをキャッチすることを楽しむ。

人数は5〜6人がよいでしょう。少なすぎると交代が早すぎてしまうし、人数が多いと待ち時間が長くなってしまいます。狙いによって、人数の調整をしてください。

順番を待っている子どもは、「いいよ！」「がんばれ」など応援の言葉をかけるように促すのも大切ですね。キャッチミスをしたらもちろん「ドンマイ」ですね。チームで協力している気持ちが高まるでしょう。

あそぶときのアドバイス

あそびをアレンジ

直接キャッチ

バケツではなく直接手でキャッチする。キャッチした球は、後ろに並ぶ前にかごやバケツなどに入れていく。

バケツリレー

最初に球を受けた人が、次の人に球を投げてリレー形式で球を運んでいく。子どもたちの距離は各人1mくらいの距離をとっておく。

球を落としてしまったら、拾って再開していく。チームで競ってもよいし、タイムを楽しんでもよい。

直接キャッチ

こんな子におすすめ！　マイペースで周囲と歩調を合わせるのが苦手な子

ASOBI 36　フープで進め

歩く係

フープで道をつくる係は歩き終わったフープを後ろから前に並べなおす

あそびかた

1. 子どもは2人1組になる。
2. ひとりはスタートラインに立ち歩く係、もうひとりはフープで道をつくる係となる。
3. 道をつくる係が、ゴール方向に向けてフープを2つ並べる。
4. 歩く係は、そのフープに入りながら歩き前に進む。
5. 道をつくる係は、歩き終わったフープを後ろから前に並べなおし、道をつくり続け誘導する。
6. フープの道に合わせてゴールまで進む。
7. チーム戦にして競ってもよい。タイムを計り、タイムレースにしてもよい。

効果とねらい

- 歩く係は、フープを置いてくれるタイミングを計りながら歩く。
- フープで道をつくる係は、歩く人のタイミングに合わせ、安全に道をつくる。
- 協力しながら、ゴールに向かうことを楽しむ。

あそぶときのアドバイス

声をかけ合い、さらに相手に合わせることを意識できるとよいでしょう。歩く係と、道をつくる係は交代してあそびましょう。

どうしたら早めにフープを置いて進んでいけるかをペアの子と相談して始めると、さらに協力するスキルの向上につながるでしょう。

あそびをアレンジ

フープで運べ

2人で、フープを2個並べて置き、最初のフープに玉入れの球を10個入れる。

次のフープに2人で協力して球を入れなおす。

全部入れなおしたら、空いたフープを先に進め、球を入れなおしながら進む。球を入れなおす、空いたフープを先に進めるを繰り返し、ゴールを目指す。

フープで運べ

トリオでフープで進め

「フープで進め」を、3人で楽しむ。ひとりが歩く係、2人が道をつくる係でフープは3個使う。つくる係の間での協力がより必要になり、進むスピードも速くなる。

127

こんな子におすすめ！ マイペースで周囲と歩調を合わせるのが苦手な子

ASOBI
37 缶ネーム

積み上げた缶が倒れないように気をつける

幼児でも読めるひらがながおすすめ

名詞になるように缶を積み上げる

あそびかた

1. 缶に「い」「ち」「ご」など、文字を組み合わせると名詞になる言葉を貼りつける。

2. 子どもは2人1組になり、その缶を名詞になるように協力して積み上げる。

3. 3文字くらいの短い単語から、「とうもろこし」などの長い単語にして積み上げる。

4. 積み上げたら手を離して、缶が倒れずに5秒そのままなら完成とする。

- 缶をお互いに支えながら協力してバランスよく積んでいく。
- 文字の位置も確認しながら相談して積む。

子どもの操作性に合わせて缶の数は調整をします。子どもに缶積みの数を相談して決めてもらってもよいですね。3文字の名詞を5つくらいがおすすめ。缶は、同じ種類の缶にすると、積み上げやすくなります。

缶の位置を2人で確認しながら慎重に積まないと結局はくずれてしまいます。丁寧に積み上げることも意識させ、行動の調整も図ってもらいましょう。

あそびをアレンジ

缶でおはなしづくり

「こうえんで あいすを たべた」など、文章を組み立てる。3列の缶積みを完成させる。文節を上手に見つけて積んでいく。

数字紙コップタワー

紙コップに1から15まで数字をかく。その紙コップを数字の順に下から、5個、4個、3個、2個、1個とピラミッドのように積んでいく。

一番上のコップの数字が1になるように2人で協力して積んでいく。

缶でおはなしづくり

こんな子におすすめ！　集団行動に不安を感じる子、負けを受け入れるのが難しい子

ASOBI 38 あんしん椅子取りゲーム

あそびかた

1. 子ども10人程度で椅子取りゲームをする。音楽や歌に合わせて椅子のまわりを歩いて動き、音楽や歌がとまったときに、それぞれ椅子に座る。

2. 通常は人数より椅子の数がひとつ少なく、ひとりが座れなくなる設定だが、このゲームは子どもの数と椅子が同じ数で全員が座れるので安心して参加できる。

3. お互い同じ椅子に座りそうになったら、「どうぞ」とゆずり、ゆずられたほうは「ありがとう」といってから座るというルールもみんなに伝えておく。

- 通常の椅子取りゲームのルールを理解し、順守する。
- 椅子は人数分そろっているので、椅子をゆずりあったりして安心してあそぶ。

音楽や歌のスピードを早めたり、ゆっくりにしたり、そのテンポに合わせて集団行動を調整して楽しみましょう。

椅子がバッティングしたときのやり取りがポイントです。大人がゲームに参加できるなら、わざと子どもと椅子をバッティングさせて、日頃ゆずれない子にゆずってもらう体験をしてもらいましょう。

あそぶときのアドバイス

あそびをアレンジ

あちこち椅子取りゲーム

椅子を部屋のあちこちにランダムに並べる。歩く方向だけぶつからないように決める。合図がでたら散らばっている椅子にどれでもいいから座る。

友だちにぶつからないように行動するように伝える。

2人で仲よく椅子取りゲーム

椅子の数を、子どもの人数の半分にして、2人でひとつの椅子にゆずり合って座るルールにする。

座るときはゆずり合い、お互い、ぶつからないように上手に座ることをルールとする。声をかけ合うとうまくいくことも伝えておく。

あちこち椅子取りゲーム

こんな子におすすめ！　周囲と歩調を合わせるのが難しい子、負けを受け入れるのが難しい子

ASOBI 39

笛で集まれ

笛と人数が合っていない人はその場で好きなポーズをとる

吹いた笛の数をよく聞きとり、同じ数だけの人数で集まって座る

「ドンマイ」といって励ます

ドンマイ

あそびかた

1. 音楽に合わせて同じ方向に室内を歩く。

2. よいタイミングで大人が笛を吹く。その吹いた笛の数だけの子ども同士が集まり、手をつなぐ。

3. 笛の数と人数があっていたらその場でしゃがむ。

4. 笛の数と人数があっていないグループ、あるいは集まれなかった人は、好きなポーズをする。

5. まわりの人は「ドンマイ」といって励ます。

効果とねらい

- 人とぶつからないように歩き、集まり、ルールに合わせてゲームを楽しむ。
- 仲間に入れなくてもポーズを楽しむ。
- 仲間に入れない子を励ます。

> 仲間に入れなくても楽しめるあそびです。集団ゲームのルールを理解し、友だち同士の連帯感も味わえるでしょう。
>
> 仲間に入れなかったときにイライラする子もいます。それを調整するため、切り替えるためにおもしろいポーズをしてもらいます。まわりもポーズを見て「ドンマイ」と声をかけることで場がなごみます。

あそぶときのアドバイス

あそびをアレンジ

サイレント笛で集まれ

大人は「ピー」と長く笛を鳴らし、子どもに注目してもらう。その後、笛を吹くまねをして、その吹くまねの回数を子どもに見てもらい、その回数と同じ人数の子ども同士が集まる。笛が鳴らないのでしっかり見て判断してもらう。

指名で集まれ

音楽が止まったら、リーダーの大人が「〇〇さん」と子どもの名前を呼ぶ。指名された子は「3人」など、子どもの人数を大きな声でいう。

その人数に応じて子どもたちが集まる。その後は「笛で集まれ」のルールと同じ。

サイレント笛で集まれ

こんな子におすすめ！ 負けを受け入れるのが難しい子、周囲と歩調を合わせるのが難しい子

ASOBI
40 じゃんけん列車

子どもたちの様子をみて、人数を調整する

じゃんけんで負けた人は勝った人の後ろにまわり肩に手をのせる

あそびかた

1. まずはひとりずつ列車になり、短い歌に合わせて、走りだす。歌の最後に、じゃんけんをする相手を見つけ、両手でハイタッチしたあと、じゃんけんをする。

2. じゃんけんで負けた人は、勝った人の後ろにまわり、肩に手をのせて列車につながる。

3. それぞれの列車がつながったら、また歌に合わせて走りだす。歌の最後に次の相手を探して、じゃんけんをする。

4. これを繰り返し、列車が1列になるまであそぶ。最後1列になっても1回は全員で歌に合わせて列車を走らせ終わる。

- 人とぶつからないように動き、タイミングを合わせて相手を探してじゃんけんをする。
- 負けたら、相手の後ろにまわり込み、先頭の人に合わせて行動する経験をする。

負けてイライラする子には、休憩コーナーなどをつくり、そこで気持ちを落ち着ける支援をしてもよいでしょう。もちろん、負けるのがとても苦手な子ははじめから「見学します」「応援します」などの選択を検討できるようにしましょう。

自分が負けてもチームとして勝てることもあります。またチームとして負けても仲間がいます。「負けてもじゃんけん列車（アレンジ）」も組み合わせてあそぶことにより、負けても楽しいからOKという気分になれるようにサポートしましょう。

あそびをアレンジ

3回勝ってじゃんけん列車

「じゃんけん列車」の3回勝負バージョン。じゃんけんを3回勝負にして、先に3回負けた人が、勝った人の後ろについていく。

負けてもじゃんけん列車

勝った人ではなく、負けた人が先頭になる。勝った人は、負けた人の後ろについて列車につながる。「負けるが勝ち」というルールを楽しむ。

負けてもじゃんけん列車

無理にがんばりすぎないでいい（後編）

※114ページのつづき

M君と順調にあんしんボックスの中身を考えていたのですが、彼が急に私の顔を真剣に見てこういったんです。
M君「ねえ、先生。先生には子どもがいるの？」
藤原「うん、いるよ。男の子が2人いるよ」
M君「先生は、その子たちのことが好き？」
藤原「大好きだよ。大好きすぎて困るぐらい大好きなんだ」

といったら、彼はにっこり笑ってこういいました。
M君「そっか、じゃあ先生、怖いなと思ったらその子どもたちのことを考えればいいね」

この言葉を聞いて、私は本当に涙が出そうでした。そして、なんて優しい子なんだと思いました。もうひとつ思ったのが、この子は愛されて育ってきたんだということでした。なぜなら自分が窮地に立たされたときに家族のことを考えるというアイデアを出したからです。

私は、すごくうれしくてあたたかい気持ちになって「そうだね、そのアイデアには気がつかなかった。あんしんボックスに入れるね。そうか、子どもたちのことを考えれば安心だね」といいました。そして「M君は誰のことを考えるの？」と聞きました。

M君「僕は○○ちゃんと○○ちゃんのことを考えるんだ！」

誰の名前をいったと思いますか？ それは、M君のかわいい妹の名前だったのです。やさしいお兄ちゃんなのだろうなと思いました。そしてあんしんボックスをつくって、「これ絶対使おうね」といって別れました。彼は部屋に戻って担任の先生にこういったそうです。
M君「先生、僕、運動会がんばれそうな気がする」

私は彼の言葉を聞いてうれしかったですが、同時にもうがんばらなくていいよとも思いました。この子はすごくがんばっています。いい子です。たまたま30人という集団保育との相性が悪いだけだからです。

どうしても私たちは集団に適応させるということを最上級の目標にしがちなのですが、そのことが、彼らにとってはものすごいストレスになってしまっているのです。

大切なのは「集団に入れないことなんてなんの心配もないよ」と大人が思うこと。なぜなら、彼らは「集団に入れない自分はダメな子だ」と思っているから。そして、この集団に入れないダメな自分がまわりの大人を心配させている、悲しい思いをさせていると傷ついているということなのです。この思いをできるだけ楽にしてあげたいと思いませんか？

もちろん、集団参加ができたらいいなと思いますが、無理にがんばりすぎて集団に適応することで、つらい思いをしたり心を傷つけてしまう子もいるということを、私たちは忘れてはいけないと思います。

その子が安心して能力を発揮できる、その子らしさを発揮できる保育環境は？と考えながら子どもに関わっていきたいなと思います。

第6章

あそび編

ときめきカード

好きなキャラクターなどが描かれたカードを
目の前の子どもに合わせてカスタマイズしながら
支援に使ってみましょう。

CARD ときめきカードの使い方

幼児向けカード8枚、児童向けカード3枚を紹介しています。

　本書で紹介する「ときめきカード」は、子どもがときめきを感じられるようなキャラクターを題材に、同じようにふるまいたい、やってみたいと思わせる「その気にさせる」カードです。

　ですから、子どもの好きなキャラクター設定が大切です。キャラクターに興味がないと効果がありませんので、その子の興味にあった魅力的なキャラクターにそれぞれのカードをアレンジしてください。

　寝る前など時間を決めて、困った行動が起きそうな場面のとき、もしくは、困った行動が起きてから提示し、読んで聞かせたり、自分で読んだりして確認してもらいます。

　子どもにはその気になってもらうことが大切なので、伝えるときは明るいトーンで提供しましょう。

　うまく行動しきれなかったとしても、意識して調整を図る努力をしていたら、結果に関わらず承認してください。子どもがその気になって意識して行動化しようとするプロセスが大切です。

　さらにP.150からはコピーしてアレンジして使えるカードを用意しています。目の前の子どもに合わせてカスタマイズしながら使ってみてください。

ロボットなど機械が好きな子向け

幼児 1

効果とねらい

- 寝起きがうまくいかない、待ち時間に落ち着かない、慌てて走りだすのを調整するときに使う。
- ロボットはゆっくりと正確に動くという長所を生かして、子どもにその気になってもらい行動の調整を図る。
- 調整が難しい場合は、大人がねじを巻きなおすなど、楽しい調整を図るアイデアを出すのもよい。

カードの文章

* ロボットくんは　じかんどおりに　おきて　いつもげんきに「おはよう」というよ。
* ロボットくんは　まっているあいだ　しずかに　すわってつぎの　じゅんばんを　まつことが　とくいだよ。
* ロボットくんは　いそがずにゆっくりと　あるくから　ころばないで　あんぜんなんだよ。

ポイント
登園前やおやすみ前など、特定の時間や場面で使うことで習慣化しやすくなります。

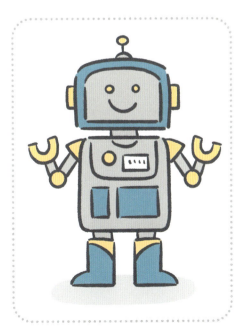

アレンジ文例

- ロボットくんは　じぶんの　からだのうごかしかたを　いしきして　ていねいにうごくんだ。
- ロボットくんは　ものをはこぶときに　しんちょうに　しっかりもって　はこぶのがとくいだよ。

強そうなキャラクターが かっこいいと思う子向け

幼児 2

効果とねらい

- 声の調整が難しい、かたづけがなかなか進まない、友だちとの約束を守ってほしいなどの課題解決に役立つ。
- 強いからこそみんなの見本になるような行動をするという「かっこよさ」を意識してもらい、行動の調整を図る。
- 大人が見本を示したり、かたづけを手伝ったり、大人自身が子どもとの約束をしっかり守ったりして、行動の調整が図りやすくなる支援を工夫する。

カードの文章

* ライオンくんは おおきなこえで はなすときも あるけど しずかに はなすとみんなが あんしんするんだ。

* ライオンくんは おかたづけが とくいなちからもち！ おもちゃを かたづけると すぐにつぎの あそびができるよ。

* ライオンくんは やくそくをまもるから おともだちから しんらいされて なかよくなれるんだ。

ポイント

過去にうまくいった経験を思い出すきっかけとしてカードを活用すると子どもの自信につながります。

アレンジ文例

- ライオンくんは こまっているこが いるとやさしく「だいじょうぶ」と こえを かけるんだ。
- ライオンくんは きょうだいに あそびを おしえてあげるのが とくいなんだ。

明るく活発でユーモアある キャラクターが好きな子向け

幼児 3

効果とねらい

- 多動で危険な行動が多い子、落ち着いて座れない子、外あそびなどでけがをしやすい子の行動の調整を図るのに適している。
- 明るくて活発なのが長所だけど、場面によっては慎重に行動するとさらに素敵になれるというイメージで話したり、確認したりするとよい。
- 興奮しているときは、静かな場所で少し休む、好きなあそびに集中させる、心地よい圧迫刺激（マッサージ）をするなど工夫して、行動調整がしやすい環境を用意する。

カードの文章

* サルくんは　たかいところにのぼりたくなるけど　きめられたばしょで　あそぶと　あんぜんだよ。
* サルくんは　おやつの　じかんに　なったら　みんなと　いっしょに　すわって　たべるよ。
* サルくんは　そとで　あそぶときも　まわりを　よくみて　あんぜんに　あそぶように　しているんだ。

アレンジ文例

- サルくんは　おかあさんの　「○○して」に　すばやく　はんのうするんだよ。
- サルくんは　けがしないように　じゅんびたいそうしてから　うんどうするんだ。

ポイント

カードのキャラクターやメッセージを子どもと一緒に選ぶことで、さらに自分のカードとして愛着がわくでしょう。

のんびり、ゆったり行動することが必要な子向け

幼児 4

効果とねらい

- 衝動性が高かったり、不注意な行動が多かったりする子どもが、慎重な行動は「失敗を回避」しやすいことを学べる。
- ウサギとカメのようにゆっくりだけどコツコツ慎重に行動することでよい結果をだせることを確認できる。
- 行動する前に大人が一緒にこれから起こりそうなことを予測し、作戦を立てたり、準備の方法を工夫したりすることでうまくいく体験を積み重ねられる。

カードの文章

＊カメくんは なにかを はじめるまえに まず かんがえてから こうどうするから しっぱいが すくないんだ。

＊カメくんは あせらずに じゅんびするから わすれものもなく まいにちが たのしくすごせるんだよ。

＊カメくんは ゆっくりおはなしするから とても ききとりやすいんだ。

ポイント

説明のときは、「できるよ！」「一歩ずつ進もう」など、子どもを励ますあたたかい言葉を使いましょう。

アレンジ文例

- カメくんは しんぱいなときは おかあさんに はなしをきいて もらっておちつくんだ。
- カメくんは ゆっくりこうどうする じぶんが とてもすきなんだ。

乗りものが好きな子向け

 **効果とねらい**

- 日本の乗りものは、時間厳守や安全な運行管理が特徴。時間にルーズだったり、うまく人に手助けを求められなかったりする子どもに適する。
- 憧れの乗りものは子どもによって違うので、その子にあった乗りものを選択すること。公共の乗りものは時間や運行が正確であることを子どもたちは知っているので、乗りものは乗客から信頼されていることを意識して伝える。
- 時間厳守など正確さを強調しすぎると、その時間にこだわりすぎてうまくいかなくなることもあるので、時間の設定は〇分から〇分までというように、余裕をもたせながら支援するとよい。

カードの文章

* ひこうきくんは　じかんを　まもって　とびたつと　みんなが　あんしんして　もくてきちに　つけるよ。
* ひこうきくんは　こまったときには　コントロールタワーに　「たすけて」と　たのむことが　できるよ。
* ひこうきくんは　きめられたみちや　ルールをまもると　みんなから　しんらいされてもっと　たのしく　とべるんだ。

アレンジ文例

- ひこうきくんは　あんぜんにとぶための　べんきょうを　まいにちコツコツとしているんだよ。
- ひこうきくんは　すいみんをじゅうぶんにとって　じぶんのたいちょうを　かんりしているんだ。

ポイント

カードを見てくれたこと、行動にチャレンジしたことに感謝の気持ちを伝えましょう。

幼児 6 ほのぼのしたキャラクターが好きな子向け

- 「食いしん坊なくまさん」という設定で食事のマナーについて子どもに提案する。食事のマナーをよくしたいときに使う。
- 食事のマナーを知るとともに、ゆったりと食べると食事は楽しいということを伝えるのが大切。子どもが自分から、くまさんみたいに食べてみたいと思ってくれたらよい。
- 感覚過敏が強く、偏食のある子の指導に使うことは避けて、気分よく楽しく食べるためのマナーとして提案する。

カードの文章

＊くまさんは しょくじのまえに 「いただきます」と いってから ごはんを たべるよ。

＊くまさんは ゆっくりと ひとくちずつごはんを たべるから たべものを しっかりあじわえるんだ。

＊くまさんは たべているあいだは おくちを とじて もぐもぐしずかに たべるのが とくいだよ。

ポイント
無理に見せるのではなく子どもの興味や準備が整ったタイミングを大切にしましょう。

アレンジ文例

- くまさんは はじめから じぶんの たべられるりょうを りかいして ごはんを よそうことが できるんだ。
- くまさんは おかわりが なくなったら あきらめるのも じょうずなんだよ。

正義のヒーローが好きな子向け

幼児 7

- 正義のヒーローは常に冷静でいなくてはならないというところがポイント。気持ちや、怒りの調整が難しい子どもに効果的。
- 正義のヒーローもイライラしたり、悲しくなったり、怒りそうになったりしていることを理解し、ヒーローと同じ落ち着く方法を試してみる。
- 気持ちを落ち着ける方法は、これ以外にもあるので、本人と相談し使えるスキルに書き換えてもよい。

カードの文章

※「〇〇」には、好きなヒーローの名前を入れてください

* 〇〇マンは　イライラしたとき　おおきく　いきをすって　ゆっくり　はくと　きもちが　おちつくんだよ。

* 〇〇マンは　かなしくなったとき　すこしやすんで　しんこきゅうを　すると　また　げんきが　でてくるよ。

* 〇〇マンは　おこりそうなとき　じぶんのきもちを　ゆっくりことばに　すると　おちつけるんだ。

ポイント

子どもがカードに対してネガティブな反応を示してもそれを否定せず、受け止める姿勢をもちましょう。

アレンジ文例

- 〇〇マンは　つかれたときに　きゅうけいをとるのが　とくいなんだ。きゅうけいするのは　よいことなんだ。
- 〇〇マンは　たたかったあいてにも　やさしい。なかなおりするのも　とくいなんだ。

プリンセスに憧れる子向け

効果とねらい

- 失敗に弱い、友だちとのトラブルが多い、気持ちが落ち込むとなかなか戻せない子どもに提供したい。
- 素敵な人であるために、プリンセスも努力していることを伝える。練習したらうまくいくということも確認する。
- 素敵なプリンセスになるためには工夫が必要。子どもによって使いやすい工夫が違うので、相談する、大人が提案した中から選択して決めるなど、子どもと協力して内容を決めるとよい。

カードの文章

※「〇〇」には、好きなプリンセスの名前を入れてください

* 〇〇プリンセスは　うまくいかないとき　「だいじょうぶ　つぎはきっとできる」と　じぶんに　いいきかせるよ。

* 〇〇プリンセスは　ともだちとケンカしそうになったら　いちどしんこきゅうしてから　はなすようにしているよ。

* 〇〇プリンセスは　なきたくなったとき　すきなおもちゃで　あそぶと　きもちが　あたたかくなるよ。

ポイント

カードがその場で効果を発揮しない場合でも焦らず、他の支援方法と組み合わせて試してみましょう。

アレンジ文例

- 〇〇プリンセスは　やさしい　あたたかいことばを　つかうのが　とくいなんだ。
- 〇〇プリンセスは　じぶんのふるまいかたが　わからなくなると　おかあさんプリンセスに　そうだんして　おしえてもらっているんだ。

感情のコントロール、失敗が苦手な子、友だちとの対話がうまくいかない子向け

効果とねらい

- 憧れのゲームなどに出てくる正義の味方、ヒーロー、映画やドラマの主人公に置き換えても。
- ピンチやトラブルになったときに、勇気の戦士はどのようにそれを切り抜けているのかを子どもに使えるスキルとして、提案する。
- 自分の傾向を知り、自分に合ったピンチやトラブルの切り抜け方を大人と相談して内容に盛り込む。自分を知って対策を立てることが目的。

カードの文章

* **自分の気持ちを落ち着けたいとき**
ゆうきのせんしは ピンチに であったとき まず しんこきゅうして こころを おちつけるんだ。そうすれば どんなピンチでも れいせいに かんがえられるよ！ おちついたら つぎになにを するかきめてみよう。

* **うまくいかなくてイライラしたとき**
ゆうきのせんしも なんども しっぱいすることがある。でも あせらずにいっぽずつ すすむんだ。できることから ひとつずつやることが たいせつだと しっているんだ。

* **友だちと意見がぶつかってしまったとき**
ゆうきのせんしは なかまとの チームワークを たいせつにする。いけんが ぶつかったときも まずは あいてのはなしを きくことができる。みんなの いけんを きくことで なかまとの きずなを ふかめているんだ。

ポイント

カードの効果は、一度では見られないこともあります。長期的な視点で関わることが大切です。

アレンジ文例

- **友だちとの関係に悩んでいるとき**

ゆうきのせんしは じぶんが どう こうどうすれば いいのか ともだちにきいて アドバイスをもらうことも たいせつにしているんだ。ひとのいけんを ききいれることは ゆうきがある しょうこだからね。

児童 2 人に手助けを求めるのが苦手、集中力の調整が難しい、マイペースすぎる子向け

- 魔法の修業のように、魔法使いが使うスキルをまねてみたいと思ってもらう。
- 助けてもらったり、アドバイスを受け入れるのが難しいと、困ったときに行き詰まるので、好きなキャラクターもやっているのなら、スキルを使ってみようという気にさせる。その気になれたら、気持ちが楽になる。
- できるだけ具体的な場面を想定して、確認してもらう。計画通り進まないときなどは、次にできることを予測し、いくつかの変更事項をあらかじめ想定しておくと変更も想定内になるので、切り替えに役立つ。

カードの文章

※「〇〇」には、好きな魔法使いの名前を入れてください

* **わからないことがあって困（こま）ったとき**
〇〇も　さいしょは　なにもわからないことが　おおい。でも　〇〇は「たすけて！」といえるゆうきを　もっているよ。わからないことが　あったら　せんせいや　ともだちに　きいて　まなぶと　まほうみたいに　かいけつできることを　しっているんだ。

* **集中（しゅうちゅう）が切（き）れてしまったとき**
〇〇は　まほうをつかうとき　みじかいきゅうけいを　だいじにするんだ。〇〇も　つかれたら　すこしやすんで　あたまを　リフレッシュさせるんだよ。

ポイント
大人がリラックスし、ポジティブな態度で接することで、子どもも安心感を得られます。

アレンジ文例

- **みんなに喜（よろこ）んでもらえたとき**

すなおに「じぶんってすごい」と　じぶんをほめることも　とくいなんだ。そして　つぎも　うまくいくと　まえむきな　きもちをもつことで　あたらしいチャレンジを　しようというゆうきも　わいてくるから　じぶんを　しんじているんだよ。

児童3 集中しすぎてまわりが見えなくなってしまう子、自分さえよければまわりは気にしない子向け

- お気に入りのアスリートは、子どもにとってのあこがれ、まさにヒーロー、ヒロイン。
- アスリートは、じつは適切に休息をとったり、気持ちを切り替えたり、チームメイトにやさしかったりするということを伝えて、自身の行動調整と、周囲への気づきを促す。
- 具体的な場面を取り上げ、自分のふるまいを振り返り、どんなふうに工夫すれば、適切にふるまえるかを一緒に考える。アスリートは努力する人だというイメージも、本人のモチベーションを上げることにつながる。

カードの文章

※「〇〇」には、あこがれのアスリートの名前を入れてください

* **何（なに）かに夢中（むちゅう）でやりすぎちゃったとき**

〇〇は はやくはしるのが とくいだけど はしりすぎると つかれちゃうんだ。〇〇も とちゅうで とまってみずをのんだり きゅうけいしたりする。やりすぎないで じかんを きめてうごくことが だいじなことを しってるんd。

* **友（とも）だちと一緒（いっしょ）にあそびたいとき**

〇〇は なかまといっしょに ゴールをめざすこともある。ともだちと いっしょにあそびたいときは 「いっしょにあそぼう！」って こえをかけてみよう。でも ことわられたら あきらめることも とくいなんだ。

ポイント

カードを見て安心したり、逆に不安になったりと、さまざまな感情が生まれるかもしれません。それをすべて受け止めましょう。

アレンジ文例

● スランプに陥（おちい）って自信（じしん）がなくなったとき

コーチに じぶんのきもちを すなおにつたえて そうだんするのが じょうずなんだ。つらいきもちを ひきずらないように はやめに たいしょすることが ひつようと わかっているからだよ。ひとに「たすけて」といえるゆうきを もっているんだ。

すぐに使えるときめきカード

CARD

子どもに合わせてカスタマイズして支援に使ってください。

　P.139からの11枚のときめきカードを基本的なサイズで掲載しています。
　コピーして点線で切りとり、厚紙に貼ったり、ラミネート加工をしたりして、繰り返し使えるようにするのがおすすめです。
　サイズはお好みで拡大コピーをして使ってください。大きくコピーしたものを紙芝居やポスターのように使っても楽しいでしょう。もちろん、このままの比率でコピーをしてもよいでしょう。
　イラストの裏面や上部に、それぞれのカードの文章を書き込んで使います。P.139からのページで掲載している文例にこだわらず、目の前の子どもに合わせて文章をつくって入れてください。

幼児　1　ロボットなど機械が好きな子向け

幼児 2　強そうなキャラクターがかっこいいと思う子向け

幼児 3　明るく活発でユーモアあるキャラクターが好きな子向け

幼児 4　のんびり、ゆったり行動することが必要な子向け

幼児 5　乗りものが好きな子向け

幼児 6 ほのぼのしたキャラクターが好きな子向け

幼児 7 正義のヒーローが好きな子向け

幼児 8　プリンセスに憧れる子向け

児童 1　感情のコントロール、失敗が苦手な子、
友だちとの対話がうまくいかない子向け

児童 2 　人に手助けを求めるのが苦手、集中力の調整が難しい、マイペースすぎる子向け

児童 3 　集中しすぎてまわりが見えなくなってしまう子、自分さえよければまわりは気にしない子向け

おわりに

　私は長らく療育という、子どもの発達支援を行う現場にいました。ソーシャルスキルは私たちが生きていくうえで、必要不可欠なものです。子どもたちにこのスキルを獲得し、幸せな人生を歩んでほしいと願い、ソーシャルスキルをトレーニングするスタイルもとってきました。

　でも、この獲得させたいという願いが子どもたちを苦しめていることに、気づきます。そして学んだスキルも、汎用性が高いそれぞれの社会では、うまく応用できないことも思い知ります。

　うまくいかない子どもたちを前に、自分の力のなさに泣けてくることもありました。私に何ができるのかと問い続ける毎日でした。

　そんなとき、子どもたちがいってくれたのです。

　「デイケアであそぶのが大好き」

　「楽しいから熱があっても休みたくない」

　「藤原さんに会いに行く」

　私にできることは、これでした。子どもたちと楽しくあそぶ。楽しくあそべたらそれでいい。

子どもを変えようと思っていた私に、「子どもは1mmも変えない」という原点に返してくれたのも子どもたちでした。
　そこからです。あそびのなかにソーシャルスキルの気づき、ヒントをちりばめよう。それだけでいい。苦しんでいる子どもたちを笑顔にすること、それが何より大切なのだと信じられるようになりました。
　そしてもうひとつのやるべきことは、子どもたちの理解者を増やすことでした。ソーシャルスキルがうまく使えず苦しんでいる子どもに、寄り添ってくれる大人を増やす。子どもたちの声を伝えていく。そのことにさらに力を注ぐようにもなりました。

　うまくいかなくて悲しい思いをしている子どもたちと、そのそばで戸惑う以前の私と同じように悩んでいるみなさん。
　大丈夫、きっとうまくいきます。笑顔で子どもとあそぶこと。それが子どもの力になることを信じてみてください。
　あせらず、あわてず、あきらめずのマインドで、大人が笑顔であそんでくれたら、子どもにとってこれほど幸せなことはないでしょう。この本がその一助となれば、これほどうれしいことはありません。

藤原里美

「こんな子におすすめ！」索引

第2章から第5章で紹介しているあそびを、「こんな子におすすめ！」別に索引にしました。

あ
- 相手の視点に立てない子 …… 72,73,78,79,80,81,86,87
- 意見をいうのが難しい子 …… 78,79
- イライラが高じやすい子 …… 98,99,106,107
- 落ち着いて集団行動をするのが苦手な子 …… 118,119,122,123,124,125

か
- 気持ちの調整が難しい子 …… 98,99
- 気持ちや行動の切り替えが苦手な子 …… 94,95,102,103,104,105,106,107
- 気持ちや行動の調整が苦手な子 …… 112,113
- 切り替えが苦手な子 …… 56,57,120,121
- 行動の調整が難しい子 …… 96,97,100,101,108,109
- 言葉で伝えるのが苦手な子 …… 62,63,68,69,72,73

さ
- 失敗に弱い子 …… 104,105
- 周囲と歩調を合わせるのが難しい子 …… 132,133,134,135
- 集団行動に不安を感じる子 …… 116,117,130,131
- 集中して聞くことが苦手な子 …… 52,53,56,57
- 集中できない子 …… 96,97,100,101,108,109,110,111
- 順番が守れない子 …… 116,117,124,125
- 衝動性が強い子 …… 110,111
- 相談する・折り合うことが苦手な子 …… 74,75,80,81,86,87

た
- ちくちく言葉が制御できない子 …… 82,83
- 伝える・聞きとる力が未熟な子 …… 50,51
- 手助けが求められない子 …… 58,59,64,65,68,69
- 友だちとの関わり方が未熟な子 …… 76,77,84,85,88,89
- 友だちとやり取りするのが不安な子 …… 54,55,60,61,62,63,66,67
- 友だちに関心がうすい子 …… 90,91

は
- 話を最後まで聞けない子 …… 58,59
- 不安が強い子 …… 112,113

ま
- マイペースで周囲と歩調を合わせるのが苦手な子 …… 126,127,128,129
- 負けを受け入れるのが難しい子 …… 120,121,130,131,132,133,134,135

わ
- ワーキングメモリが弱い子 …… 60,61,64,65

藤原 里美（ふじわら・さとみ）

一般社団法人チャイルドフッド・ラボ 代表理事／臨床発達心理士／早期発達支援コーディネーター／保育士

公立保育園・東京都立梅ヶ丘病院・東京都立小児総合医療センター・明星大学非常勤講師を経て現職。

発達障害のある子どもの療育、家族支援を行うとともに、園の巡回や発達支援の研修など、支援者育成にも力を注ぐ。「子どもを変えずに、子どもの周りの世界を変える」支援方法により、現場や家庭で実現可能な実践方法を発信している。

- ●ホームページ：https://www.childhood-labo.link/
- ●YouTube：「藤原里美の発達支援ルーム」で検索
- ●Instagram：藤原里美（@childhoodlabo）

子どもの6つのつまずきにアプローチする遊びを、アレンジもあわせて100種以上紹介！

発達が気になる子の 感覚統合遊び

藤原里美 著
日本文芸社 刊

1. 固有感覚のつまずきにアプローチする遊び（ボディイメージ）
2. 前庭覚のつまずきにアプローチする遊び（バランス感覚）
3. 触感覚のつまずきにアプローチする遊び（触れて楽しむ）
4. 協調運動のつまずきにアプローチする遊び（身のこなし）
5. 感覚欲求のつまずきにアプローチする遊び（感覚を堪能する）
6. 感覚統合をゲームで楽しむ遊び

よく転ぶ／人とぶつかる／そわそわして落ち着きがない／集中できない／切り替えが悪いなど、「気になる子の行動のなぞ」を「感覚統合の視点」から読み解きます。

現場で、今すぐ、かんたんに実践できる遊び、子どもたちが楽しんで取り組める遊びが満載。全ページカラーイラストでわかりやすく、楽しく紹介します。

Staff
- カバーデザイン／本文デザイン・DTP　　東京100ミリバールスタジオ
- カバー／1章・6章イラスト　　おおたきょうこ
- 2〜5章イラスト　　ハラアツシ
- 編集協力　　石島隆子
- 校正　　有限会社　玄冬書林

参考文献
『パワーカード アスペルガー症候群や自閉症の子どもの意欲を高める視覚的支援法』アイリーサ・ギャニオン（著）、ペニー・チルズ（絵）、門眞一郎（訳）　明石書店

乱丁・落丁などの不良品、内容に関するお問い合わせは
小社ウェブサイトお問い合わせフォームまでお願いいたします。
ウェブサイト　https://www.nihonbungeisha.co.jp/

発達が気になる子の ソーシャルスキル遊び

2025年2月20日　第1刷発行
2025年8月1日　第4刷発行

著　者　　藤原　里美（ふじわら　さとみ）

発行者　　竹村　響

印刷所　　株式会社文化カラー印刷

製本所　　大口製本印刷株式会社

発行所　　株式会社 日本文芸社
　　　　　〒100-0003
　　　　　東京都千代田区一ツ橋1-1-1　パレスサイドビル8F

Printed in Japan 112250210-112250717　Ⓝ04(180022)
ISBN978-4-537-22272-2
©Satomi Fujiwara 2025

法律で認められた場合を除いて、本書からの複写・転載（電子化を含む）は禁じられています。
また、代行業者等の第三者による電子データ化および電子書籍化は、いかなる場合も認められていません。
（編集担当　前川）